CW01090773

MODERN CHINESE
Beginner's Course
LISTENING
Volumes 1 & 2

Li Shizhi/ Li Jiyu
Third Department for Foreign Students
Beijing Language and Culture University

The Beijing Language and Culture University Press
Sinolingua

初级汉语课本

听 力 练 习
第一、二册

北京语言学院来华留学生三系编

李世之　李继禹　执笔

北京语言学院出版社
华语教学出版社　联合出版

First Edition 1986
Bound edition of Vols. 1 & 2 1994
Eighth Printing 1995

ISBN 7—5619—0434—7/H · 309
Copyright 1994 by
Beijing Language and Culture University Press/Sinolingua
Co-published by
Beijing Language and Culture University Press/Sinolingua
15 Xueyuan Road, Beijing 100083, China
Distributed by China International
Book Trading Corporation
35 Chegongzhuang Xilu, P. O. Box 399
Beijing 100044, China
Printed in the People's Republic of China

说　明

1. 本教材是为配合《初级汉语课本》第一、二册，对初学汉语的人进行听力训练而编写的。第一部分是练习，供学生听录音作笔头练习时使用，口头练习部分均未编入。第二部分是录音文本，可作为教师用书，一些练习的参考答案也在其中。

2. 本教材每课大致包括发音练习、语调练习、词重音练习、句重音练习、听后选择正确答案和听后回答问题等几种练习形式。有些练习难度较大，教师可根据学生的情况加以取舍。

3. 练习中"听写"一项，目的是对学生进行辨音和辨调的训练，并为今后对学生进行汉语记录能力的培养打下基础。

编　者

1985 年 10 月

Compilers' Note

1. This book is a companion to Vols. I and II of MODERN CHINESE — *Beginner's course* to train beginners of Chinese in listening comprehension. It consists of two parts: Part I is exercises which include the written work to be done by the learner while listening but not the oral work. Part II is the Tapescript which can be used as an instructor's guide and, in part, as the key to exercises.

2. Each lesson is composed of the following sections: pronunciation drills, intonation drills, word stress drills, sentence stress drills, multiple choice exercises and question and answer exercises. Some items are comparatively difficult and are left to the instructor to choose whatever he or she thinks suitable for his/her students.

3. The dictation in the exercises aims at training the learner to discriminate confusing sounds and tones and in the later part, at getting the learner competent in taking notes in class.

Compillers
October, 1985

目 录
CONTENTS

第 一 册
VOLOME I

---

* 每课后边的第一个页码为练习页码,第二个是录音文本页码。

The first number following each lesson indicates the page on which the exercises for the lesson appear, and the second one that where the tapescript for the lesson is.

第 二 册
VOLUME Ⅱ

练 习
Exercises

第一课 Lesson 1

一——四为听读练习。Exercises 1—4 are repetition practice.

五、听后划出声母：Underline the initials in the syllables you hear:

(1) na la
    nao lao
    nu lu

(2) san lan
    sa la
    sai lai

(3) dan tan
    dai tai
    dian tian

(4) gao kao
    gu ku
    gua kua

六、听后划出韵母：Underline the finals in the syllables you hear:

(1) b { a / ao / u

(2) t { ao / u / i

(3) h { a / an / ao

(4) l { iu / in / i

(5) y { a / ao / o

(6) w { a / u / o

七、划出你听到的音节：Underline the syllables you hear:

(1) tā (tǎ)

(2) (dá) dà

3

bái	bǎi	bù	bū
hū	hǔ	huā	huà
tāo	táo	gǎo	gào
liú	liǔ	lù	lú
hǎi	hái	wāi	wài
sān	sǎn	ér	èr

八、听后标出调号：Give the tone marks:

(1) la   (2) nu   (3) da   (4) san

(5) yao   (6) bai   (7) hua   (8) lian

(9) liu   (10) bao   (11) ti   (12) yi

九、练习对话：Act the following dialogues:

第二课　Lesson 2

一——四为听读练习。Exercises 1—4 are repetition practice.

五、听后划出声母：Underline the initials in the syllables you hear:

(1) da   ta
    dai   tai
    di   ti
    dao   tao
    dan   tan

(2) gu   ku   hu
    gen   ken   hen
    gao   kao   hao
    gua   kua   hua
    gan   kan   han

六、听后划出韵母：Underline the finals in the syllables you hear:

(1) ben   ban
    sen   san
    men   man
    nen   nan
    wen   wan

(2) lin   lian
    diu   dian
    niu   nian
    miu   mian

七、听后把每个音节的声韵母连在一起：Link eaoh initial to a proper final as you hear in the recording:

5

h   ao
l   uā
w   āi
d   ín
y   ān
m   ǔ
t   en
g   ě

八、听后标出调号：Give the tone-marks:

(1) mǔ mén ge beī wǎn daī tiān ke

(2) bāyī māoyī gùke yánsè dìtu

(3) meimei baba tamen wode yeye

九、练习对话：Act the following dialogues:

第三课　Lesson 3

一——四为听读练习。Exercises 1—4 are repetition practice.

五、辨韵母。划出你听到的音节：Discriminate confusing finals.
Underline the syllables you hear:

(1) gai　gei　　(2) ben　beng

    shai　shei　　 pen　peng

    pai　pei　　 fen　feng

    mai　mei　　 shen　sheng

    nai　nei　　 ren　reng

(3) man　men　　(4) gao　gou　gong

    nan　nen　　 dao　dou　dong

   shan　shen　　 rao　rou　rong

    ran　ren　　 yao　you　yong

    han　hen　　 lao　lou　long

六、辨声母。划出你听到的音节：Discriminate confusing init-
ials. Underline the syllables you hear:

    beng　peng　　　　shan　san

    tong　dong　　　　long　rong

    gu　ku　　　　 fu　mu

七、听后标出调号：Give the tone-marks:

(1) gòngtóng   (2) gǎigé   (3) héshì   (4) bǎoguì
(5) dàhǎi   (6) měilì   (7) shídài   (8) pútao
(9) nèiróng   (10) péngpài   (11) shǒutào   (12) gǔdài

八、听后填空：Listen to the dialogues and fill in the blanks:

(1) 他弟弟是 _dàifu 大夫_ 。

(2) 他妈妈是 _dàifu_ ，妹妹是 _hu shì_ ，
哥哥是 _gōng ren_ 。

第四课 Lesson 4

一——四为听读练习。Exercises 1—4 are repetition practice.

五、辨声母。划出你听到的音节：Discriminate confusing initials. Under line the syllables you hear:

(1) zhi   chi   zhen   chen

     zhu   shu   shui   zhui

     zhai   chai   zhou   shou

     shang   chang   shua   zhua

(2) gua   kua   guan   kuan

     huo   guo   huo   kuo

     gai   hai   gong   kong

     kang   gang   gou   hou

六、辩韵母。划出你听到的音节：Discriminate confusing finals. Underline the syllables you hear:

rou   ruo   rong

zhao   zhuo   zhong

shan   shang   sheng

chou   chong   chao

七、听后标出调号：Give the tone-marks:

(1) senlin   (2) zhenli   (3) shenru   (4) songshu

(5) huanteng   (6) shichang   (7) fangfa   (8) hongse

(9) yanchu   (10) beifeng   (11) duan lan   (12) gongchang

八、听后填 "-r"：Indicate the retroflexed syllable in each:

(1) Yí   dà   dá

(2) Zhēn   méi   fǎ

(3) Tā   shàng nǎ?

(4) Wǒ   shàng nà.

(5) Zhège   wǎn   hěn   hǎo.

九、听后选择正确答案：Listen to the dialogues and circle the
correct answers to the questions:

(1) a   b   c

(2) a   b

十、听录音，口头回答问题：Answer the following questions:

第五课 Lesson 5

一——四为听读练习。Exercises 1—4 are repetition practice.

五、听后把每个音节的声韵母连在一起：Link each initial to a proper final as you hear in the recording:

zh	ai
ch	an
sh	ao
s	en
r	ei
h	ong
g	uo
f	ou

六、听后填上声母：Fill in the blanks with the initials you hear:

___āshi   zhī___í   ___ēnshí   ___òngyào

___āisàn   ___óngféng   ___ēnchéng   péi___èn

七、听后填上韵母：Fill in the blanks with the finals you hear:

zh___ zh___   sh___ sh___   f___ w___

ch___ l___   ch___ g___   w___ sh___

zh___ ch___   sh___ sh___

11

八、听后标出调号：Give the tone-marks:

        tōngzhī   suìshí   diànshì   yóulǎn
        zhuǎnwānr   huàbào   huǒchái   hǎoshì

九、听后选择正确答案：Listen to the dialogues and circle the correct answers to the questions:

    (1) a   b
    (2) a   b   c
    (3) a   b

十、听录音，口头回答问题：Answer the following question:

第六课　Lesson 6

一——四为听读练习。Exercises 1—4 are repetition practice.

五、划出你听到的音节：Underline one from each pair of syllables you hear:

(1) ji   qi | jian qian   (2) bin bing | nin ning
    jie   qie | jin   qin   pin ping | lin ling
    jiu   qiu | jing qing   min ming | xin xing

六、听后填上声母：Fill in the blanks with the initials you hear:

____ītǐ   ____ìchē   ____lūtiān   ____lēshòu

____lántú   ____iànmiàn   ____īnjí   ____ínglǎng

七、听后填上韵母：Fill in the blanks with the finals you hear:

八、学说绕口令：Practice the tongue twister:

x____qī   j____bù   p____pāng   y____shè

i____shén   niánq____   rèl____   p____kāi

九、听后选择正确答案：Listen to the dialogues and circle the correct answers to the questions:

(1) a   b   (2) a   b   c

十、听录音，口头回答问题：Answer the following questions:

13

第七课 Lesson 7

一——四为听读练习。Exercises 1—4 are repetition practice.

五、听后填上声母：Fill in the blanks with the initials you hear:

    ____l   ____ie   ____lang   ____ai

    ____lu   ____ou   ____lan   ____u

六、划出你听到的音节：Underline one from each pair of syllables you hear:

(1) jiang   zhang   (2) jian   jiang

    qian   jian   xian   xiang

    xiu   jiu   zhan   zhang

    jie   qie   chan   chang

    gong   kong   xie   xiu

    shan   xian   shan   shang

七、听后标出调号：Give the tone-marks:

(1) jiandan   (2) wushi   (3) nuli   (4) nuanhuo

(5) erduo   (6) Faguo   (7) yixie   (8) kaishui

八、听后选择正确答案：Listen to the dialogues and circle the correct answers to the questions:

(1) a   b   c

(2) a   b   c

九、听录音，口头回答问题：Answer the following questions:

第八课 Lesson 8

一——四为听读练习。Exercises 1—4 are repetition practice.

五、听后填上声母：Fill in the blanks with the initials you hear:

(1) __ì __ǎo　　(2) __ēng __àn　　(3) __áng __u

(4) __īn __àng　(5) __āo __ǎng　(6) __ù __ǐ

(7) __ǒng __ì　　(8) __ǎo __āo

六、划出你听到的音节：Underline one from each group of syllables you hear:

(1) zhuan　　　zhuang　　　zhong

chuan　　　chuang　　　chong

shuan　　　shnang

(2) guan　　　guang　　　gong

kuan　　　kuang　　　kong

huan　　　huang　　　hong

七、听后划出第四声和第二声连读的词语(在序号后划√)：
Mark out the words of "4th + 2nd" tone sequence with a
(√):

(1)　　　(2)　　　(3)　　　(4)　　　(5)

(6)　　　(7)　　　(8)　　　(9)　　　(10)

15

八、听后回答问题：Listen to the dialogues and answer the questions：

(1)

(2)

(3)

九、听录音，我说一个名词，请你在前边加上数词"一"和量词：Add the numeral 一 and a proper measure word to each of the following nouns：

第九课 Lesson 9

一——四为听读练习。Exercises 1—4 are repetition practice.

五、听后填上声母：Fill in the blanks with the initials you hear:

  ___ū ___ā ___uò ___ǔ ___uē ___ìàn ___ǔ ___óu

  ___ī ___í ___uò___ē ___uō ___uè ___ù ___ī

  ___éng ___īng ___ué___īn

六、听后填上韵母：Fill in the blanks with the finals you hear:

  l___dìng q___bié x___zé shàngx___

  n___'ér l___shī x___chuán m___máng

七、划出你听到的词语：Underline one from each pair of words you hear:

  { qūtǐ { xuéyuàn { lüèduó { liúxuè
  { jùtǐ   { juéyuán { nüèdài { liùjuàn

  { xuǎnzé { yīyuàn { cǎisè { xuānbù
  { juézé   { yǔyán { cāicè { shuānzhù

八、听后选择正确答案：Listen to the dialogues and circle the correct answers to the questions:

(1) a b c

(2) a b c

(3) a b

九、听录音，口头回答问题：Answer the following questions:

第十课 Lesson 10

一——四为听读练习。Exercises 1—4 are repetition practice.

五、划出你听到的词语：Underline one from each pair of
words you hear:

$$
\begin{cases} \text{jīchǎng} \\ \text{jùchǎng} \end{cases}
\begin{cases} \text{jūnqū} \\ \text{juānqū} \end{cases}
\begin{cases} \text{jūnrén} \\ \text{qióngrén} \end{cases}
\begin{cases} \text{jīnyú} \\ \text{jīngyú} \end{cases}
$$

$$
\begin{cases} \text{qūxiàn} \\ \text{qīxiàn} \end{cases}
\begin{cases} \text{chūnfēng} \\ \text{chōngfēng} \end{cases}
\begin{cases} \text{chéngqīng} \\ \text{céngjīng} \end{cases}
\begin{cases} \text{píqiú} \\ \text{píjiǔ} \end{cases}
$$

$$
\begin{cases} \text{shìjuàn} \\ \text{shìjiàn} \end{cases}
\begin{cases} \text{yīngxióng} \\ \text{yīngyǒng} \end{cases}
$$

六、划出你听到的词语：Underline one from each pair of
words you hear:

$$
\begin{cases} \text{十一} \\ \text{十七} \end{cases}
\begin{cases} \text{七楼} \\ \text{一楼} \end{cases}
\begin{cases} \text{十楼} \\ \text{四楼} \end{cases}
\begin{cases} \text{十六} \\ \text{十楼} \end{cases}
$$

$$
\begin{cases} 311 \\ 331 \end{cases}
\begin{cases} 5030 \\ 5300 \end{cases}
\begin{cases} 6060 \\ 6006 \end{cases}
$$

七、听后选择正确答案：Listen to the dialogues and circle the
correct answers to the questions:

(1) a　　b　　c

(2) a　　b　　c

八、听录音，回答问题：Answer the following questions:

18

第十一课 Lesson 11

一、二为听读练习。Exercises 1 and 2 are repetition practice.

三、划出你听到的音节：Underline one from each pair of syllables you hear:

(1) zhuai   zhuan   (2) mao   miao
    chuai   chuan   dao   diao
    shuai   shuan   nao   niao
    guai   guan   lao   liao
    kuai   kuan   tao   tiao
    huai   huan   pao   piao

四、听后填上声母：Fill in the blanks with the initials you hear:

(1) __uài__i   (2) __í__uài   (3) __uī__è
(4) __uī__i   (5) __òng__uài   (6) __uāi__ǎ
(7) __uái__iàn   (8) __uī__án   (9) __uài__ǐng
(10) __uǎi__è   (11) __uā__ēng   (12) __uǎ__ái

五、听后标出调号：Give the tone-marks:

(1) Chi xican zuo zuoce.
    Chi zhongcan zuo youce.
    Ta zuo zuoce chi xican.
    Wo chi zhongcan zuo youce.

(2) Ta you shizhang chuang.

Nǐ you shizhang chuang.

Women dajia quan you shizhang chuang.

六、听后填空：Listen to the statements and the dialogue and fill in the blanks:

(1) 这是_____电影。

(2) 他听_____音乐。

(3) 这是_____银行。

(4) 他看_____画报。

七、听后选择正确答案：Listen to the dialogues and circle the correct answers to the questions:

(1) ① a　　b　　c

②　a　　b

(2) ① a　　b

②　a　　b

八、听后回答问题：Listen to the dialogue and answer the questions:

(1)

(2)

九、听录音，口头回答问题：Answer the following questions:

第十二课 Lesson 12

一、二为听读练习。Exercises 1 and 2 are repetition practice.

三、听后填上韵母：Fill in the blanks with the finals you hear:

m__f__   x__j__   q__zh__   sh__g__

h__l__   sh__k__   k__d__   r__m__

k__ch__   j__f__   c__q__   __t__

四、听后填上声母：Fill in the blanks with the initials you hear:

__è __ú   __ǎo __āo   __iě __ǎ

__uān __uǎng   __iě __ī   __uē __í

__uǒ __ǐ   __ǎo __uì   __lǎo __a __á

__ī __ī __īn   __uě __ōng __òng __àn

__uāng __uǎn __í __ià

五、听后标出调号：Give the tone-marks:

huoche   niunai   youyi   yiqian   pingguo

gongchang   huochai   minzhu   zhentou   zhengfu

qianbiher   feijichang

六、听后判断正误：Are the following statements true (✓) or false (×) according to what you hear?

21

(1) 他的西班牙语很好。（　　）

(2) 他会一点儿阿拉伯语。（　　）

(3) 他们不会汉语。（　　）

(4) 他会说日语。（　　）

七、听后选择正确答案：Listen to the dialogues and circle the correct answers to the questions:

(1) ① a　b　c

　　② a　b　c

(2) ① a　b

　　② a　b

　　③ a　b

八、听录音，口头回答问题：Answer the following questions.

第十三课　Lesson 13

一、二为听读练习。Exercises 1 and 2 are repetition practice.

三、划出你听到的音节：Underline one from each pair of syllables you hear:

jian	juan	cuan	quan
qian	quan	shuan	xuan
xian	xuan	guan	guang
juan	quan	kuan	kuang
zuan	juan	huan	huang

四、听后填上韵母：Fill in the blanks with the finals you hear:

j__ zh__　　z__ y__　　J__ k__　　q__ f__

c__ q__　　h__ J__　　x__ g__　　h__ s__

x__ ch__　　ch__ J__　　J__ k__　　g__ x__

五、听后把词语分成两组：Divide the words into two groups and put them under the following tone sequences:

　　　　ˊ ＋ ˋ　　　　　　　ˇ ＋ ˋ

六、听后标出调号：Give the tone-marks:

jinlai   meili   qiuchang   zuanyan

qiangzhuang   nü'er   qingjia   taijiquan

七、听后标图：Mark out on the sketches what you hear in the recording:

(1)   北 ↑

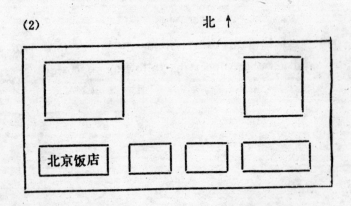

(2)   北 ↑

24

(3)

北↑

八、听录音，口头回答问题：Answer the following questions:

第十四课 Lesson 14

三、划出你听到的音节：Underline one from each pair of syllables you hear:

(1) qi   chi   (2) qi   shi
    qiao   chao   qiao   shao
    qiu   chou   qiu   shou
    qin   chen   qing   sheng
    qing   cheng   qie   shei
    qian   chan   qian   shan
    qiong   chong   quan   shuan

四、听后填上声母：Fill in the blanks with the initials you hear·

___ĭ___lú   ___éi___ù   ___ēn___lǎn
___óng___ĭng   ___lǎo___ǒu   ___ěng___éng
___ēn___ān   ___ín___áo   ___ǒu___ué
___uē___ǎo   ___ǎn___ēng   ___ǒu___uán

五、听后标出调号：Give the tone-marks:

(1) 语言学院   中文系   哲学系
    音乐学院   历史系   音乐系
    体育学院   语言系   体育系
    经济学院

（2）等什么　　　　　　等人

　　　等汽车　　　　　　去哪儿

　　　等谁　　　　　　　去友谊宾馆

（3）我学习中文。

　　　你学习英文。

　　　他可以说汉语。

　　　他会说西班牙语。

　　　我不会说德语，也不会说法语。

六、听后填空：Listen to the passages and fill in the blanks:

　　（1）我弟弟和妹妹是_____的学生，我弟

　　　弟学习_____，我妹妹学习_____。

　　（2）陈连住_____号楼。

　　（3）他们去_____。

七、听后选择正确答案：Listen to the dialogues and circle the correct answers to the questions:

　　（1）① a　　b　　c

　　　　② a　　b

　　（2）③ a　　b　　c

　　　　④ a　　b　　c

八、听录音，口头回答问题：Answer the following questions:

27

第十五课　Lesson 15

一、二为听说练习。Exercises 1 and 2 are repetition practice.

三、划出你听到的音节：Underline one from each pair of syllables you hear:

(1) nián　niáng　　　(2) chēn　zhēn

lián　liǎng　　　　chái　zhái

jiān　jiāng　　　　cǎi　zǎi

qián　qiáng　　　　shǎnç　xiǎng

xiàn　xiàng　　　　róng　lóng

yǎn　yǎng　　　　　qiǎo　jiǎo

四、听后填上韵母：Fill in the blanks with the finals you hear:

n___ q___　　n___ z___　　l___ h___

j___ j___　　d___ l___　　q___ j___

m___ q___　　h___ x___

五、听后标出调号：Give the tone-marks:

manyi　qingsong　huran　sanbu

shihou　biye　shangyue　laoren

Mingnian wo qu Guangzhou xuexi yixue.

28

六、听后填空：Listen to the dialogues and fill in the blanks:

(1) 郑大年这个星期日去_____，下个星期日去_____。

(2) 他们学校的书店在_____号房间，那儿有_____词典。

(3) 今天是_____月_____号。_____号是一个学生的生日。他请同学们_____。

七、听录音，口头回答问题：Answer the following questions:

第十六课 Lesson 16

一、语音练习：Pronunciation drills:

(1) 边听边说： Repeat the following words:

(2) 划出你听到的词语：Underline one from each pair of words you hear:

zhǐbāo	júzi	zǔzi	wǔdǎo
jǐbāo	jǐzi	zhūzi	fǔdǎo

liú xiě	chūnfēng	bàogào	jiǎndān
liúxué	chōngfēng	bāokuò	biǎndān

(3) 听后给下面的谚语注音：Transcribe the proverb:

路遥知马力，日久见人心。

二、词重音练习：Word stress drill:

听后标出词重音：Underline the word stresses:

上月　下月　去年　今年　昨天　明天　中学

大学　学院　外语　劳驾　邮局　旁边儿

工作　教授　汽车

三、听后选择正确答案：Listen to the statements and the dialogue and circle the correct answers to the questions:

（1）a　　b

（2）a　　b

（3）a　　b

（4）a　　b

（5）a　　b　　c

（6）a　　b　　c

（7）a　　b

（8）a　　b　　c

（9）a　　b　　c

（10）a　　b　　c

四、听录音，口头回答问题：Answer the following questions:

第十七课　Lesson 17

一、语音练习：Pronunciation drills:

  (1) 边听边说：Repeat the following words:

  (2) 划出你听到的词语：Underline one from each pair of words you hear:

yǔyán	liànxí	xīwàng	xīfú
yīyán	liángxí	shīwàng	qūfú
jícù	cǎisè	érqiě	gòngxiàn
jìzhù	cāicè	èrjiě	kōngqián

  (3) 听后给下面的谚语注音：Transcribe the following roverbs:

    边学边问，才有学问。

    不懂装懂，永是饭桶。

二、词重音练习：Word stress drills:

  听后标出词重音：Underline the stress of eacn word:

    现在　起床　早饭　午饭　晚饭　上课

    下课　睡觉　劳驾　学院　小学　小卖部

三、句重音练习：Sentence stress drills:

  (1) 边听边说：Repeat the following sentences:

(2) 听我问，你标出答句的重音：Listen to the questions and underline the stress of each answer:

① 现在几点了？　　　　　现在十点了。

② 现在几月了？　　　　　现在九月了。

③ 今天几号？　　　　　　今天二十八号。

④ 今天星期几？　　　　　今天星期四。

⑤ 他什么时候去西班牙？　他明年去西班牙。

⑥ 你什么时候去长城？　　我下星期日去长城。

⑦ 你什么时候中学毕业？　我一九七七年中学
　　　　　　　　　　　　毕业。

四、听后选择正确答案：Listen to the statements and the dialogues and circle the correct answers to the questions:

(1) a　　b　　c

(2) a　　b　　c

(3) a　　b　　c

(4) a　　b　　c

(5) a　　b　　c

(6) a　　b　　c

(7) a　　b　　c

(8) a　　b　　c

(9) a　　b　　c

(10) a　　b

五、听录音，口头回答问题：Answer the following questions:

第十八课 Lesson 18

一、语音练习：Pronunciation drills:

(1) 边听边说：Repeat the following words:

(2) 划出你听到的词语：Underline one from each pair of words you hear:

chéngguǒ	tōngzhī	chuántǒng	chūfā
chéngguǒ	tóngzhǐ	chuàntōng	chǔfá

dàsǎo	gānjìng	dǎjià	dàxué
dǎsǎo	gǎnjǐn	dàjiā	dàxué

huǒchē	jíshí	hútòng	huānyíng
huòchē	jíshǐ	hùtōng	huànyíng

(3) 学说绕口令：Practice the tongue twister.

二、用阿拉伯数字写出你听到的钱数：Write down the amounts of money you hear in Arabic numbers:

(1)　　　(2)　　　(3)　　　(4)

(5)　　　(6)　　　(7)　　　(8)

三、语调练习：Intonation practice:

四、句重音练习：Sentence stress drills:

(1) 边听边说：Repeat the following sentences:

34

(2) 听我问，请你标出答句的重音：Listen to the questions and underline the stress of each answer:

① 这支铅笔多少钱？　　这支铅笔一毛二。

② 这本杂志多少钱？　　这本杂志六毛五。

③ 这张床多少钱？　　　这张床八十九块五。

④ 这是谁的本子？　　　这是阿里的本子。

⑤ 谁有汽车？　　　　　刘天华有汽车。

五、听后选择正确答案：Listen to the dialogues and circle the correct answers to the questions:

(1)　a　　b

(2)　a　　b

(3)　a　　b　　c

六、听录音，口听回答问题：Answer the following questions:

第十九课　Lesson 19

一、语音练习：Pronunciation drills:

  (1) 边听边说：Repeat the following words:

  (2) 划出你听到的词语：Uuderline one from each pair of
     words you hear:

$$
\begin{cases} \text{jīnlàn} \\ \text{jīnlán} \end{cases}
\quad
\begin{cases} \text{huànxiǎng} \\ \text{huánxiāng} \end{cases}
\quad
\begin{cases} \text{huà huār} \\ \text{huà huàr} \end{cases}
$$

$$
\begin{cases} \text{jiàoshī} \\ \text{jiàoshì} \end{cases}
\quad
\begin{cases} \text{jiěshì} \\ \text{jièshí} \end{cases}
\quad
\begin{cases} \text{jīngjù} \\ \text{jǐngjù} \end{cases}
\quad
\begin{cases} \text{kěqì} \\ \text{kèqì} \end{cases}
$$

$$
\begin{cases} \text{lǐfà} \\ \text{lǐfà} \end{cases}
\quad
\begin{cases} \text{lǎojiā} \\ \text{láojià} \end{cases}
\quad
\begin{cases} \text{xuéyuán} \\ \text{xuéyuàn} \end{cases}
\quad
\begin{cases} \text{guìzi} \\ \text{guìzi} \end{cases}
$$

二、语调练习：Intonation practice:

三、句重音练习：Sentence stress drills:

  (1) 边听边说：Repeat the following sentences:

  (2) 听我问，请你标出答案的重音：Listen to the questions
     and underline the stress of each answer:

   ① 你去不去琼楼饭店？　　我去琼楼饭店。

   ② 他看什么？　　　　　他看球赛。

   ③ 您在北京大学学习什么？　我学习哲学。

④ 你借什么杂志？　　我想借阿拉伯文杂志。

⑤ 你的词典多少钱买的？我的词典三块六买的。

四、听后回答问题：Listen to the dialogues and answer the questions:

(1)

(2) ①

　　②

(3)

五、听录音，口头回答问题：Answer the following questions:

第二十课 Lesson 20

一、语音练习：Pronunciation drills:

(1) 边听边说：Repeat the following words:

(2) 划出你听到的词语：Underline one from each pair of words you hear:

{ jìnxíng	{ jièshào	{ lánqiú	{ kāishǐ
{ jìnqíng	{ yèxiào	{ liànqiú	{ kāishuǐ
{ báijiǔ	{ shūfu	{ kùzi	{ shuǐguǒ
{ páiqiú	{ shūhu	{ gǔzi	{ huí guó
{ sījī	{ dàidài	{ Qíncháo	{ wàijiāo
{ xíjī	{ tàitai	{ Qīngcháo	{ huáqiáo

(3) 听后把词语分成两组：Divide the words into two groups and put them under the following tone sequences:

ˊ + ˋ   ˇ + ˊ

二、语调练习：Intonation practice:

三、句重音练习：Sentence stress drills:

38

听我问，请你标出答句的重音：Listen to the questions and underline the stress of each answer:

(1) 他们有二百块人民币。

(2) 他有十万美元。

(3) 我换法郎。

(4) 他有美元。

(5) 在中国银行换外币。

四、数字练习：Exercises on numerals:

(1) 用阿拉伯数字写出你听到的钱数： Write down the amounts of money you hear in Arabic numbers:

①   ②   ③   ④

⑤   ⑥   ⑦   ⑧

⑨   ⑩   ⑪   ⑫

(2) 听后用汉字写出数字：Write the figures you hear in Chinese characters:

①   ②

③   ④

⑤   ⑥

⑦   ⑧

五、听后选择正确答案：Lisen to the dialogues and circle the correct answers to the questions:

(1) a   b   c

(2) a   b

六、听录音，口头回答问题：Answer the following questions:

39

第二十一课 Lesson 21

一、语音练习 Pronunciation drills:

(1) 划出你听到的词语: Underline one from each pair of words you hear:

$\begin{cases} \text{bànlǐ} \\ \text{bànlǚ} \end{cases}$ $\begin{cases} \text{róngyì} \\ \text{róngyù} \end{cases}$ $\begin{cases} \text{bù mǎi} \\ \text{bù mèi} \end{cases}$ $\begin{cases} \text{fēnfāng} \\ \text{fēngfān} \end{cases}$

$\begin{cases} \text{bǎibù} \\ \text{běibù} \end{cases}$ $\begin{cases} \text{shānkǒu} \\ \text{shāngkǒu} \end{cases}$ $\begin{cases} \text{kāifēng} \\ \text{kāifàng} \end{cases}$ $\begin{cases} \text{rénchēng} \\ \text{rénshēng} \end{cases}$

$\begin{cases} \text{shūhu} \\ \text{shūfu} \end{cases}$ $\begin{cases} \text{dìdào} \\ \text{dìdao} \end{cases}$ $\begin{cases} \text{shífēi} \\ \text{shìfēi} \end{cases}$ $\begin{cases} \text{mǎimai} \\ \text{mǎimài} \end{cases}$

(2) 听后把词语分成四组: Divide the words you hear into four groups and put them under the following tone sequences:

　´ + —　　´ + ´　　´ + ˇ　　´ + `

(3) 听写: Dictation (write in *pinyin*):

① 　　　　　　　②

③ 　　　　　　　④

⑤

40

二、语调练习：Intonation practice:

三、句重音练习：Sentence stress drills:

四、听后回答问题：Listen to the dialogues and answer the questions:

   (1) ①
       ②
   (2) ①
       ②
       ③
   (3) ①
       ②
       ③

五、听录音，口头回答问题：Answer the following questions:

第二十二课　Lesson 22

一、语音练习：Pronunciation drills:

(1) 划出你听到的词语：Underline one from each pair of words you hear:

ʃ jíbié	ʃ zhù xiǎo	ʃ qiǎohé	ʃ bùjiǔ
ι qūbié	ι zhùjiào	ι xiǎo hé	ι bùxiǔ

ʃ qiǎoshǒu	ʃ jiǎoqǐ	ʃ qiūfēn	ʃ jiā yóu
ι xiǎo shǒu	ι qiǎojǐ	ι jiūfēn	ι jiāo yóu

ʃ jùchǎng	ʃ xiāoxi
ι jīchǎng	ι xiūxi

(2) 听后给下面的古诗标出调号并朗读：

Listen to the poem, write down the tone-marks and then read aloud the poem:

Zao Fa Baidicheng

Zhao ci Baidi cai yun jian,
Qianli Jiangling yiri huan.
Liang'an yuan sheng ti bu zhu,
Qing zhou yi guo wanchong shan.

二、语调练习：Intonation practice:

42

三、句重音练习: Sentence stress drills:

(1) 听我问,请你标出答句的重音: Listen to the questions and underline the stress of each answer:

① 这是床。

② 他是我朋友。

③ 这是音乐厅。

④ 他是我哥哥。

⑤ 这是我的钢笔。

⑥ 这是我的书。

⑦ 这是录音机。

⑧ 这是照相机。

(2) 听下面的句子,说出每句的含义: Listen to the following sentences and tell what they imply:

四、听后回答问题: Listen to the short passages and the dialogue and answer the questions:

(1) ①
  ②
(2) ①
  ②
(3) ①
  ②

五、听录音:口头回答问题: Answer the following questions:

第二十三课　Lesson 23

一、语音练习：Pronunciation drills:

    (1) 划出你听到的词语：Underline one from each pair of words you hear:

⎰ qīngjǐng	⎰ xiànxiàng	⎰ shǐjuàn	⎰ jīnyú
⎱ qīnjǐn	⎱ xiǎngxiàng	⎱ shǐjiàn	⎱ jīngyú
⎰ xiānghuā	⎰ míng yuè	⎰ qūxiàng	⎰ juānqū
⎱ xiānhuā	⎱ mínyuè	⎱ qīxiàn	⎱ jūnqū
⎰ jīngxīn	⎰ pínfán		
⎱ jīnxīng	⎱ píngfán		

    (2) 听后给下面的绕口令注音并朗读：Listen to, transcribe and read aloud the tongue-twister:

小王和小黄，一块儿画凤凰。

小王画黄凤凰，小黄画红凤凰。

红凤凰、黄凤凰，画成活凤凰。

黄凤凰、红凤凰，望着小黄和小王。

二、语调练习：Intonation practice:

三、句重音练习：Sentence stress drills:

    (1) 边听边划出有重读"几"的句子：Mark out the sentences

44

with stressed 几：

① 你们房间有几张桌子？

② 宿舍里有几个人。

③ 书架上有几本杂志。

④ 桌子上有几本书？

⑤ 他念了几课课文？

⑥ 我要写几个汉字。

⑦ 我想去看几个同学。

⑧ 你买了几支笔？

(2) 听下面的句子，说出每句的含义：Listen to the following sentences and tell what they imply:

四、听后选择正确答案：Listen to the dialogues and circle the correct answers to the questions:

(1) ① ⓐ   b
   ② a   b   c
   ③ ⓐ   b
(2) ① ⓐ   b
   ② a   b
   ③ ⓐ   b   c
   ④ a   ⓑ

五、听录音，口头回答问题：Answer the following questions:

第二十四课　Lesson 24

一、语音练习：Pronunciation drills:

(1) 划出你听到的词语：Underline one from each pair of words you hear:

$$
\begin{cases} \text{cāngcù} \\ \text{chángchù} \end{cases}
\begin{cases} \text{zībǔ} \\ \text{zhībǔ} \end{cases}
\begin{cases} \text{shànxīn} \\ \text{sànxīn} \end{cases}
\begin{cases} \text{zhīzú} \\ \text{zìzhǔ} \end{cases}
$$

$$
\begin{cases} \text{zōngzhǐ} \\ \text{zhōngzhì} \end{cases}
\begin{cases} \text{zīshǐ} \\ \text{zhīshi} \end{cases}
\begin{cases} \text{zhìzào} \\ \text{zhízhào} \end{cases}
\begin{cases} \text{zòuyuè} \\ \text{zhòuyè} \end{cases}
$$

$$
\begin{cases} \text{sīrén} \\ \text{shīrén} \end{cases}
\begin{cases} \text{sāncéng} \\ \text{shānchéng} \end{cases}
$$

(2) 听后给下面的谚语注音并朗读：Listen to, transcribe and read aloud the proverbs:

① 人往高处走，
   水往低处流。

② 有志者自有千方百计，
   无志者只感千难万难。

二、语调练习：Intonation practice:

三、句重音练习：Sentence stress drills:

(1) 听我问，请你标出答句的重音：Listen to the questions

46

and underline the stress of each answer:

① 看到第四课了。

② 应该看完第八页。

③ 你念第七个生词。

④ 我换完钱了。

⑤ 他写完这些汉字了。

⑥ 她没看完这本书。

(2) 听下面的句子，说出每句的含义： Listen to the following sentences and tell what they imply:

四、听后选择正确答案： Listen to the passage and the dialogue and circle the correct answers to the questions:

(1) ① a   b   c
    ② a   b   c
    ③ a   b   c
(2) ① a   b
    ② a   b   c
    ③ a   b   c

五、听录音，口头回答问题： Answer the following questions:

第二十五课 Lesson 25

一、语音练习：Pronunciation drills:

（1）划出你听到的词语：Underline one from each pair of words you hear:

$\begin{cases} \text{qiézi} \\ \text{quézi} \end{cases}$ $\quad$ $\begin{cases} \text{qièshí} \\ \text{quèshí} \end{cases}$ $\quad$ $\begin{cases} \text{chuántóur} \\ \text{chuángtóur} \end{cases}$ $\quad$ $\begin{cases} \text{fāyán} \\ \text{fāyuán} \end{cases}$

$\begin{cases} \text{xiēzi} \\ \text{xuēzi} \end{cases}$ $\quad$ $\begin{cases} \text{huádòng} \\ \text{huódòng} \end{cases}$ $\quad$ $\begin{cases} \text{xiǎomài} \\ \text{xiǎomèi} \end{cases}$ $\quad$ $\begin{cases} \text{zhuānchē} \\ \text{zhuāngchē} \end{cases}$

$\begin{cases} \text{páiqiú} \\ \text{bái qiú} \end{cases}$ $\quad$ $\begin{cases} \text{yíxià} \\ \text{yíjià} \end{cases}$

（2）听写：Dictation (Write in *pinyin*):

①

②

③

④

⑤

三、句重音练习：Sentence stress drills:

听我问，请你标出答句的重音：Listen to the questions and underline the stress of each answer:

(1) 我要纪念邮票。

(2) 他买小孩儿衣服。

(3) 他看三点半的电影。

(4) 这是史密斯的床。

(5) 他给哥哥写信。

(6) 上午我们有四节课。

(7) 我去换钱。

(8) 阿里去打球。

四、听后选择正确答案：Listen to the dialogue and the passage and circle the correct answers to the questions:

(1) ① ⓐ   b   c
   ② ⓐ   b
(2) ① ⓐ   b
   ② ⓐ   b

五、听录音，口头回答问题：Answer the following questions:

第二十六课　Lesson 26

一、语音练习：Pronunciation drills：

(1) 划出你听到的词语：Underline one from each pair of words you hear:

wàiyǔ	huánqiú	zhuāzhù	huáihèn
wèiyǔ	huáng qiú	zhuōzhù	huǐhèn

lúnzi	shàng chuán	huǐyǐ	yíduàn
lóngzi	shàng chuáng	huáiyǐ	yídùn

duìzi	shuǐlǐ
dūnzi	shùnlì

(2) 听写：Dictation (Write in *pinyin*):

①

②

③

④

⑤

(3) 朗读你写的句子。Read aloud the sentences you have written:

(4) 学说绕口令：Prctice the tongue twister:

二、句重音练习：Sentence stress drills:

   (1) 边听边说：Repeat the following sentences:

   (2) 边听边标出下面句子的重音 Listen to the sentences and underline their stresses:

① 你上午去，还是下午去？

② 我喝牛奶，不喝咖啡。

③ 我们学习历史，他们学习哲学。

④ 那件脏衣服是史密斯的，不是我的。

三、听后选择正确答案：Listen to the passage and the dialogues and circle the correct answers to the questions:

   (1) ① a   b   c

       ② a   b   c

       ③ a   b   c

   (2) ① a   b

       ② a   b

   (3) ① a   b

       ② a   b

       ③ a   b

四、听录音，口头回答问题：Answer the following sentences:

第二十七课 Lesson 27

一、语音练习：Pronunciation drills:

(1) 划出你听到的词语：Underline one from each pair of words you hear:

$\begin{cases} róngyì \\ róngyǐ \end{cases}$ $\begin{cases} xuéyuàn \\ xuéyuán \end{cases}$ $\begin{cases} Běijīng \\ bèijǐng \end{cases}$ $\begin{cases} liànxí \\ liánxí \end{cases}$

$\begin{cases} yǔyán \\ yùyán \end{cases}$ $\begin{cases} měitiān \\ méitián \end{cases}$ $\begin{cases} Hànzì \\ hànzì \end{cases}$ $\begin{cases} rènshi \\ rénshì \end{cases}$

$\begin{cases} jiàoshì \\ jiàoshī \end{cases}$ $\begin{cases} hēibǎn \\ hēibān \end{cases}$

(2) 听后给下面的古诗注音并朗读：

Listen to, transcribe and read aloud the poem:

绝 句

两个黄鹂鸣翠柳，

一行白鹭上青天。

窗含西岭千秋雪，

门泊东吴万里船。

二、句重音练习：Sentence stress drills:

(1) 边听边说：Repeat the following sentences:

(2) 边听边回答，并标出答句的重音：Answer the questions while you listen and underline the stress of each answer:

①

②

③

④

三、听后选择正确答案：Listen to the passage and the dialogues and circle the correct answers to the questions:

(1) ① a   b

② a   b   c

(2) ① a   b

② a   b

③ a   b   c

(3) ① a   b   c

② a   b

③ a   b

四、听录音，口头回答问题：Answer the following questions:

第二十八课　Lesson 28

一、语音练习：Pronunciation drills:

(1) 划出你听到的词语：Underline one from each pair of words you hear:

húzi	qīhēi	hánshān	chūhàn
fúzi	qǐfēi	fān shān	chūfàn

yuánfèn	mùfāng	héngxíng	hōngdòng
yuànhèn	mùhāng	fēngxíng	fēngdòng

gōngfèi	kāihuā
gōnghuì	kāifā

(2) 听写：Dictation (Write in *pinyin*):

①

②

③

④

⑤

54

(3) 朗读你写的句子：Read aloud the sentences you have
written：

二、句重音练习：Sentence stress drill：

三、听后选择正确答案：Listen to the passage and the dialo-
gues and circle the correct answers to the questions：

(1) ① a   **b**

     ② a   **b**

     ③ a   **b**

(2) ① a   **b**

     ② a   **b**

(3) ① a   **b**

     ② a   **b**

四、听录音，口头回答问题：Answer the following questions：

第二十九课　Lesson 29

一、语音练习：**Pronunciation drills:**

(1) 划出你听到的词语：Underline one from each pair of words you hear:

$$
\begin{cases} \text{xiānhuā} \\ \text{xiàn huā} \end{cases}
\begin{cases} \text{shǐyàn} \\ \text{shǐyàng} \end{cases}
\begin{cases} \text{jiǎnglǐ} \\ \text{jiǎnglǐ} \end{cases}
\begin{cases} \text{qiānqiú} \\ \text{qiángqiú} \end{cases}
$$

$$
\begin{cases} \text{qiǎnxiǎn} \\ \text{qiǎngxiǎn} \end{cases}
\begin{cases} \text{liánxǐ} \\ \text{liángxǐ} \end{cases}
\begin{cases} \text{lǎonlǎn} \\ \text{lǎonlǎng} \end{cases}
\begin{cases} \text{jiānchǎng} \\ \text{jiāngchǎng} \end{cases}
$$

$$
\begin{cases} \text{jiānkè} \\ \text{jiǎngkè} \end{cases}
\begin{cases} \text{jiānyǐng} \\ \text{jiāngyǐng} \end{cases}
$$

(2) 听写：Dictation (Write in *pinyin*):

①

②

③

④

⑤

56

二、语调练习：Intonation practice:

三、听后选择正确答案：Listen to the dialogues and circle the correct answers to the questions:

(1) ① a   b   c

    ② a   b

(2) ① a   b

    ② a   b

四、听后画出去天坛公园的路线图：Listen to the dialogue and draw a sketch showing the way to the Tiantan Park.

琼楼饭店

。

五、听录音，口头回答问题：Answer the following questions:

第三十课 Lesson 30

一、语音练习：Pronunciation drills：

(1) 划出你听到的词语：Underline one from each pair of words you hear：

⎰ qìchē	⎰ láojià	⎰ huàn chē	⎰ yīfu
⎱ qí chē	⎱ lǎojià	⎱ huán chē	⎱ yīfu
⎰ huǒchē	⎰ dàxué	⎰ dànshì	⎰ yùxí
⎱ huǒchē	⎱ dàxuě	⎱ dǎnshí	⎱ yùxī

(2) 听写：Dictation (Write in *pinyin*)：

①

②

③

④

⑤

二、句重音练习：Sentence stress drills：

(2) 听我问，你标出答句的重音：Listen to the questions and underline the stress of each answer：

① 不是第一个，是第六个。

② 不是第四张，是第五张。

③ 不是第二个，是第三个。

④ 不在二十七页，在二十九页。

四、听后选择正确答案：Listen to the dialogues and circle the correct answers to the questions:

(1)   a   b   c

(2) ① a   b

     ② a   b

(3)   a   b   c

第三十一课 Lesson 31

一、语音练习：Pronunciation exercises:

(1) 划出你听到的词语或短句：Underline the word/phrase /short sentence you hear from each pair:

{ shàng bān
  xià bān

{ lín jū
  fēn jū

{ shàng lē
  shàngjí

{ jūzi
  jízi

{ Tā qù Shǒudū Jīchǎng.
  Tā qù Shǒudū Jùchǎng.

{ Tā gāng xǐle zǎo.
  Tā gāng xǐle jiǎo.

{ Tā xǐhuan nàtiáo hóng qúnzi.
  Tā xǐhuan nàtiáo huáng qúnzi.

(2) 听写：Dictation:

①

②

③

④

60

⑤

(3) 读上面的句子。Read aloud the sentences in the Dictation.

(4) 学说绕口令：Practise the tongue-twister:

Jiā ménkǒur fàngzhe yìduǒ duǎn duǎn biǎndan.

二、句重音练习：Sentence stress practice:

听问题，划出答句的重音：Listen to the following questions and mark out the sentence stresses of the answers:

(1) 王师傅是我的邻居。

(2) 我买了几斤葡萄。

(3) 安娜买了四个苹果。

(4) 约翰买的橘子不错。

(5) 约翰买的橘子不错，苹果不好。

三、把下面的句子改成否定句：Turn the following negative:

(1)

(2)

(3)

(4)

(5)

四、听下面的句子，选择正确的解释：Listen to the following sentences and circle a correct explanation to each one of them from the alternatives given:

(1) a   ⓑ

(2) a   ⓑ

(3) a   b

(4) a   ⓑ

(5) ɑ b

五、听后回答问题：Listen to the passage and the dialogues and answer the questions on them:

(1)

(2)①

②

(3)①

②

生词 New word：

菜 cài vegetable

六、听录音，快速回答问题：Give prompt answers to the following questions:

第三十二课 Lesson 32

一、语音练习：Pronunciation exercises:

(1) 划出你听到的词语或短句：Underline the word/phrase /question you hear from each pair:

mother in law {
bóbo
pópo
}
{
dùzi
tùzi
}
{
bízi
pízi
}
{
dú shū
túshū
}

{
tāle yìjiān fáng
dāle yìjiān fáng
}

{
Nǐde yīfu duō bu duō?
Nǐde yīfu tuō bu tuō? take off
}

(2) 边听边给下面的古诗注音：Transcribe the poem according to the recording:

登鹳鹊楼

白日依山尽，
黄河入海流。
欲穷千里目，
更上一层楼。

(3) 朗读上面的诗。Read a'oud the above poem：

二、句重音练习：Sentence stress practice:

(1) 边听边说，注意句重音：Repeat after the recording, paying attention to sentence stress.

(2) 听我问，你选择答句，注意答句的重音：Listen to the questions and circle the answer that gives the correct sentence stress from each three alternatives:

① a　　b　　c

② a　　b　　c

③ a　　b　　c

④ a　　b　　c

三、用"真"和"多么……啊"完成句子：Complete the sentences using 真 and 多么 after the model:

四、听下面的句子，听后回答问题：Listen to the following sentences and answer the questions on them:

(1) ①

　　②

(2)

(3)

(4)

(5)

五、听后选择正确答案：Listen to the dialogues and circle the correct answers to the questions from the alternatives given:

(1) a　　b

(2) ① a　　b

　　② a　　b

生词　New word,

雨伞　yǔsǎn umbeella

六、听录音，快速回答问题：Give prompt answers to the following questions:

64

第三十三课 Lesson 33

一、语音练习：pronunciation exercises:

(1) 划出你听到的词语或短句：Underline the word/phrase /short sentence you hear from each pair:

| mùcái × | cíxù | sìshí | sīrén × |
| mùchái | chíxù × | shìshí × | shīrén |

| zāi huār | | Tāmen dōu suì le. sleep |
| zhāi huār | | Tāmen dōu zuì le. × drink |

(2) 听写：Dictation:

① Cong Beijing dao Shanghai, zuo huoche yao yòng or shi xiaoshi.

② Wode cidian meiyou le wo zhao le ben tian haishi mei zhao dao.

③ Tongzhi men qiusai hen quai jiu yao haishi le, qing hui dao nide zuowei shang qu ba.

④ Shangdian men hou paize changxiexing hai men, keshi 4.15 ne dao, men hai bu hai

⑤ TXM dale yi ge dan xiaoshi qiu you bei yue he, dou qu lengyindian

(3) 读上面的句子。Read aloud the sentences in the Dictation.

二、句重音练习：Sentence stress practice:

(1) 听后划出答句的重音：Listen to the following questions and mark out the sentence stresses of the anwers:

① 我们上午学习四个小时。

② 要用三个多小时。

③ 小卖部九点半开门。

65

④ 我的表是十二点十三分。

⑤ 好吧，我又累又渴。

(2) 听后给下面的句子提出问题。Listen to the sentences and ask questions on them.

三、听下面的句子，选择正确的解释：Listen to the following sentences and circle a correct explanation to each one of them from the alternatives given:

(1) a ⓑ

(2) a b

(3) a b

(4) a b

(5) a b

四、听后选择正确答案：Listen to the dialogues and circle the correct answers to the questions from the alternatives given:

(1) a b c

(2) a b

(3) ① a b

   ② a b

五、听录音，快速回答问题：Give prompt answers to the following questions:

66

第三十四课 Lesson 34

一、语音练习：

Pronunciation exercises:

(1) 划出你听到的词语或短句：Underline the word/phrase /short sentence you hear from each pair:

| zīyuán | cūbù | zūzi |
| zhīyuán | chūbù | zhūzi |

| zēngbīng wǔshíwàn | Nǐ cāi ba. |
| zhēngbīng wǔshíwàn | Nǐ chāi ba. |

(2) 边听边给下面的古诗注音：Transcribe the poem according-ing to the recording:

枫 桥 夜 泊

月落乌啼霜满天，

江枫渔火对愁眠；

姑苏城外寒山寺，

夜半钟声到客船。

(3) 朗读上面的诗。Read aloud the above poem.

二、句重音练习：Sentence stress practice:

(1) 练习"都"的重读和轻读。Distinguish the stressed and unstressed 都。

听我问，你选择答句：Listen to the questions and circle the correct answers:

① a   b

② a   b

③ a   b

④ a   b

⑤ a   b

⑥ a   b

⑦ a   b

⑧ a   b

(2) 练习"才"的重读和轻读。 Distinguish the stressed and unstressed 才.

听我问，你选择答句： Listen to the questions and circle the correct answers:

① a   b

② a   b

③ a   b

④ a   b

三、听下面的句子，选择正确答案： Listen to the sentences and circle the correct answers to the questions from the alternatives given:

(1) a   b

(2) a   b

(3) a   b

(4) a   b

(5) a   b

四、听后回答问题： Listen to the passage and the dialogues and then answer the questions on them:

(1) ①

68

②

③

生词 New word:

原谅 yuánliàng to forgive

(2) ①

②

生词 New word:

骑 qí to ride

(3) ①

②

五、听录音，快速回答问题: Give prompt answers to the fol
lowing questions:

第三十五课　Lesson 35

一、语音练习：Pronunciation exercises:

(1) 划出你听到的词语和短句：Underline the word/short sentence you hear from each pair:

- { bàngōng / bānggōng
- { qlézl / quézl
- { 'shīfu / xīfú
- { zhāoyáng / qláollíáng

- { Tā shǐ zhíxìngzl. / Tā shǐ jíxìngzl.
- { Tāmen zhèngzàl zuò shìtí. / Tāmen zhèngzài zuò xìtí.

(2) 边听边给下面的谚语注音：Transcribe the proverbs according t the recording:

① 忠实的人　对人处处关心；

虚伪的人，对人当面奉承。

② 忠于诺言是君子，

不讲信用是小人。

③ 种瓜得瓜，种豆得豆。

(3) 朗读上面的谚语。Read aloud the above proverbs:

二、句重音练习：Sentence stress practice:

(1) 听我问，你选择正确答案：Listen to the questions and circle the correct answers to them from the alternatives given:

① a　　b　　c

② a　　b　　c

③ a　　b　　c

④ a　　b　　c

⑤ a　　b　　c

⑥ a　　b　　c

(2) 听下面的句子，练习提问：Listen to the sentences and ask questions on them.

三、听下面的句子，选择正确答案：When you hear a sentence and the two alternative explanations, circle the one that is closer to the sentence in meaning:

(1) a　　b

(2) a　　b

(3) a　　b

(4) a　　b

(5) a　　b

四、听后选择正确答案：Listen to the passage and the dialogue and circle the correct answers to the questions from the alternatives given:

(1) ① a　　b

② a　　b　　c

③ a　　b　　c

(2) ① a　　b

② a　　b

③ a   b

④ a   b   c

五、听录音，快速回答问题，Give prompt answers to the following questions:

第三十六课　Lesson 36

一、语音练习：Pronunciation exercises:

(1) 划出你听到的词语或短句：Underline the word/phrase /short sentence you hear from each pair:

$\left\{\begin{array}{l}\text{zhīdào}\\\text{chídào}\end{array}\right.$ $\left\{\begin{array}{l}\text{zhīchí}\\\text{cízhí}\end{array}\right.$ $\left\{\begin{array}{l}\text{chízı}\\\text{zhízı}\end{array}\right.$ $\left\{\begin{array}{l}\text{bú yào zhāıxıalaı}\\\text{bú yào chāıxıalaı}\end{array}\right.$

$\left\{\begin{array}{l}\text{yìzhāng zhīpıào}\\\text{yìzhāng jīpıào}\end{array}\right.$ $\left\{\begin{array}{l}\text{Nǐmen bıé zhǎo le.}\\\text{Nǐmen bıé chǎo le.}\end{array}\right.$

$\left\{\begin{array}{l}\text{Wǒmen qù fǎngwèn yíge gōngzhǎng.}\\\text{Wǒmen qù fǎngwèn yíge gōngchǎng.}\end{array}\right.$

(2) 听写：Dictation:
①
②
③
④
⑤

(3) 读上面的句子。Read aloud the sentences in the Dictation.

二、句重音练习：Sentence stress practice:

(1) 听后说出句子的意思：Listen to the sentences and explain them:

(2) 听后标出答句的重音：Listen to the questions and mark the stresses of the answers:

73

① 我今天头疼。

② 不，我今天头疼。

③ 不，我今天才开始头疼。

④ 我今天头疼。

三、听下面的句子，听后填空：Listen to the sentences and fill in the blanks:

(1) 他应该挂 ___ 科。

(2) 她的病是 ___。

(3) 约翰试表以后知道 ___ 了。

(4) 大夫给了他 ___ 种药。大药片儿每天吃 ___ 片儿，小药片儿每天吃 ___ 片儿。

(5) 他来 ___ 次中国了。

四、听后回答问题：Listen to the dialogues and then answer the questions:

(1) ①
　　②

(2) ①
　　②

(3) ①
　　②

五、听录音，快速回答问题：Give prompt answers to the following questions:

第三十七课　Lesson 37

一、语音练习：Pronunciation exercises:

(1) 划出你听到的词语或短句：Underline the word/phrase/ short-sentence you hear from each pair:

⌠ xīwàng	⌠ qījiān	⌠ shìshí	⌠ xūxīn
⌊ shīwàng	⌊ shíjiān	⌊ qíshí	⌊ shíxīng

⌠ guāfen le	⌠ yíbàng miànbāo
⌊ guāfēng le	⌊ yíbànr miànbāo

⌠ liǎngtiáo jīnyú	⌠ Tā yǒu yìkē hóngxīng.
⌊ liǎngtiáo jīngyú	⌊ Tā yǒu yìkē hóngxīn.

(2) 听后给下面的绕口令注音：Transcribe the tongue twis- ter according to the recording:

板凳宽，扁担长，

扁担要绑板凳上，

板凳不让扁担绑，

扁担非绑板凳上。

(3) 读上面的绕口令。Read aloud the above tongue twister.

二、听下面的句子，给"来"或"去"标上调号（注意它是读原调， 还是读为轻声）：Listen to the sentences and distinguish the stressed and unstressed 来/去. Give the tone marks wherever 来/去 is stressed:

(1) 阿里来中国半年了。

(2) 他拿来了一个录音机。

(3) 我们去长城照相。

(4) 我们带去两个篮球。

(5) 上星期我从张正生那儿借来一本词典。

(6) 我来借一本词典。

(7) 贾红春去美国两年了。

(8) 夏子的汽车我已经送去了。

三、听下面的句子，听后选择正确答案：Listen to the sentences to the questions from the alternatives given:

(1) a   b

(2) a   b   c

(3) a   b

(4) a   b

(5) a   b

四、听后选择正确答案：Listen to the passage and the dialogues and circle the correct answers:

(1) ① a   b   c

    ② a   b

    ③ a   b

    ④ a   b

(2) ① a   b   c

    ② a   b   c

(3) a   b

五、听录音，快速回答问题：Give prompt answers to the following questions:

第三十八课 Lesson 38

一、语音练习: Pronunciation exercises:

(1) 划出你听到的词语或短句: Underline the word/phrase /short sentence you hear from each pair:

∫ fānbù	∫ ānjìng	∫ běifāng	∫ mùchuán
⎨ fēnbù	⎨ ēnqíng	⎨ běifēng	⎨ mùchuáng

∫ bú xìn	∫ fēngjǐng	∫ jíjù
⎨ búxìng	⎨ fēngqíng	⎨ qíqū

∫ xúnzhǎo chǎndì	∫ Wǒ kànle qīyè.
⎨ xúnzhǎo chǎngdì	⎨ Wǒ kànle shíyè.

(2) 听写: Dictation:

①

②

③

④

(3) 读上面的句子。Read aloud the sentences in the Dictation.

二、听下面的句子，给"来"或"去"标出实际的声调: Listen to the sentences and mark the tone marks of 来/去 wherever they are stressed:

(1) 你们上哪儿去?

(2) 他们都去香山公园吗?

(3) 我请了几位朋友来，你去作几个菜吧。

(4) 客人们都来了，请您进屋去吧。

(5) 妈妈刚才上街去了，她买了些牛肉来。

(6) 糟糕! 给妹妹的礼物我忘带来了。

三、听下面的句子，选择正确的解释：Listen to the sentences
and circle the correct explanations from the alternatives
given:

(1) a   b

(2) a   b

(3) a   b

(4) a   b

(5) a   b

四、听后回答问题：Listen to the dialogues and then answer
the questions on them:

(1) ①

    ②

    ③

(2) ①

    ②

五、听录音，快速回答问题：Give prompt answers to the fol-
lowing questions:

第三十九课 Lesson 39

一、语音练习：Pronunciation exercises:

(1) 划出你听到的句子：Underline the sentence you hear from each pair:

{ Annà yǒu cáihuá. — clever
{ Annà yǒu càihuār.

{ Zhāng Zǐqiáng mǎi yān. cigarettes
{ Zhāng Zǐqiáng mǎi yán. salt

{ Nín yào táng ma? sugar
{ Nín yào tāng ma? soup

{ Nà shì tāde qīzi bú shì? wife
{ Nà shì tāde qízi bú shì? flag

{ Língling ài chī xiányú. salty
{ Língling ài chī xiānyú. fresh fish

(2) 听后给下面的谚语注音：Transcribe the proverbs according to the recording:

① 生命在于运动。

② 饭后百步走，活到九十九。

③ 一懒生百病。

④ 一日三笑，不用吃药。

(3)朗读上面的谚语。Read aloud the above proverbs.

二、听后给下面的句子标出句重音：Listen to the sentences and mark their stresses:

(1) 五号跑得快。

(2) 他骑得慢。

(3) 这个队踢得不好。

(4) 阿里汉语说得很好。

(5) 他汉字写得怎么样？

(6) 夏子乒乓球打得好，网球打得不好。

三、听下面的句子，并把它变成否定句：Listen to the sentences and turn them negative:

(1)

(2)

(3)

(4)

(5)

(6)

四、听后回答问题：Listen to the sentences and answer the questions on them:

(1)

(2)

(3)

(4)

五、听后选择正确答案：Listen to the dialogues and circle the correct answers to the questions from the alternatives given:

(1) ① a   b

    ② a   b

    ③ a   b

(2) ① a   b   c

    ② a   b

    ③ a   b

六、听录音，快速回答问题：Give prompt answers to the following questions:

第四十课 Lesson 40

一、语音练习：Pronunciation exercises:

(1) 划出你听到的短句：Underline the sentence you hear
from each pair:

{ Tā hěn kěqi.   { Wǒ zài kàn shù.
{ Tā hěn kěqǐ.   { Wǒ zài kàn shū.

{ Dōngdong cóng Shānxī lái.
{ Dōngdong cóng Shǎnxī lái.

{ Tā kāi yàofáng.
{ Tā kāi yàofāng.

{ Yíliè huǒchē kāilai le.
{ Yíliè huǒchē kāilai le.

(2) 听后给下面的古诗注音：Transcribe the poem according
to the recording:

悯 农

锄禾日当午，

汗滴禾下土；

谁知盘中餐，

粒粒皆辛苦。

(3) 朗读上面的诗。Read aloud the above poem:

二、听后用"一边…一边…"把两句话变为一句话：Listen to the

82

sentences and combine each pair into a sentence using 一
边…一边… after the model:

例 Model:

他听音乐。他写汉字。─→他一边听音乐一边写汉字。

(1) che fan kan bao

(2)

(3)

(4)

(5)

(6)

三、听下面的句子，判断句义的解释是否正确：Listen to the
sentences and tell whether the explanations are true (√)
or false(×):

(1)　　(2)　　(3)　　(4)　　(5)

(6)　　(7)　　(8)　　(9)　　(10)

四、听后选择正确答案：Listen to the dialogues and circle the
correct answers to the questions from the alternatives
given:

(1) ① a　　b　　c

　　② a　　b　　c

　　③ a　　b　　c　·d

生词 New words:

花篮儿 huālánr　flower basket

真正　zhēnzhèng　true, real

(2) ① a   b   c

    ② a   b   c

    ③ a   b

生词 New word:

说明 shuōmíng   to show

五、听录音，快速回答问题：Give prompt answers to the following questions:

第四十一课　Lesson 41

一、语音练习：Pronunciation exercises:

(1) 边听边给下面的绕口令注音：Transcribe the tongue twister according to the recording:

　　牛牛要吃河边柳，

　　妞妞赶牛牛不走，

　　妞妞护柳扭牛头，

　　牛牛扭头瞅妞妞，

　　妞妞扭牛牛更拗，

　　牛牛要顶小妞妞，

　　妞妞捡起小石头，

　　吓得牛牛扭头走。

(2) 读上面的绕口令。Read aloud the above tongue twister.

(3) 听写：Dictation:

　　　① ·

　　　②

　　　③

　　　④

⑤

二、用你听到的词语说一句话：Make a sentence with each group of words you hear.

例 Model: 从，来——→他从城里来。

三、听下面的句子，听后选择正确答案：Listen to the sentences and circle the correct answers to the questions from the alternatives given:

(1) a   b   c
(2) a   b   c
(3) a   b   c
(4) a   b   c

四、听后选择正确答案：Listen to the dialogues and circle the correct answers:

(1)   a   b
(2) ① a   b   c
    ② a   b
    ③ a   b
    ④ a   b

五、听录音，快速回答问题：Give prompt answers to the following questions.

第四十二课　Lesson 42

一、语音练习：Pronunciation exercises:

(1) 听后给下面的谚语注音：Transcribe the proverbs according to the recording:

①鱼好吃，腥难闻。

②酒是冬天的火。

③酒吃头杯，茶喝二盏。

④先尝后买，才知好歹。

⑤一菜难合百人口味。

(2) 听写：Dictation:

二、句重音练习：Sentence stress practice:

听下面的句子，标出"过"是轻读还是重读，并标出句重音：
Listen to the sentences and mark out the stressed 过 and
the sentence stresses:

(1) 他们过了马路，进了邮局。

(2) 我去过那个小吃店。

(3) 他还没有作完练习,过一会儿我们再去找他吧。

(4) 约会的时间已经过了半个小时了，她还没到。

(5) 你下车以后,往东走，过马路，就是人民剧场。

(6) 那本书我看过三遍,过一会儿我洗完衣服给你讲
讲。

三、听后用"次"或"遍"回答问题： Answer the questions using
次 or 遍:

(1)

(2)

(3)

(4)

(5)

(6)

四、听句子,听后回答问题: Listen to the sentences and answer the questions on them:

(1)

(2)

(3)

(4)

(5)

五. 听后选择正确答案: Listen to the dialogues and circle the correct answers:

(1) ① ⓐ   b

②　ⓐ   b   c

③　ⓐ   b   c

④　ⓐ   b

生词 New words:

咸 xián salty

豆腐 dòufu bean-curd(老豆腐 lǎodòufu rare bean-curd)

(2) ① ⓐ   b

②　ⓐ   b

③　ⓐ   b

④　ⓐ   b   c

六. 听录音,快速回答问题: Give prompt answers to the following questions:

第四十三课 Lesson 43

一、语音练习：Pronunciation exercises:
　(1) 听后给下面的古诗注音：Transcribe the poem according
　　　to the recording:

秋　　思

> 洛阳城里见秋风，
> 欲作家书意万重。
> 复恐匆匆说不尽，
> 行人临发又开封。

　(2) 朗读上面的诗。Read aloud the above poem;
　(3) 听写：Dictation:

二、用你听到的词语说一句话, 并将"着"放在句中: Make a sentence in which 着 is used with each group of words:

例 Model: 拿, 书 —→ 他手里拿着两书本。

三、听下面的句子, 听后回答问题: Listen to the sentences and answer the questions on them:

(1)

(2)

(3)

(4)

(5)

四、听后选择正确答案: Listen to the dialogue and the two passages and circle the correct answers to the questions:

(1) ① a   b   c

② a   b

③ a   b

④ a   b

生词 New words:

猴子 hóuzi　monkey

　　故事 gùshì　story

(2) a　　b　　c

(3) a　　b　　c

五、听录音，快速回答问题：Give prompt answers to the following questions:

第四十四课　Lesson 44

一、语音练习：Pronunciation exercises:

(1) 边听边给下面的绕口令注 音：Transcribe the tongue twister according to the recording:

白石搭白塔，
白塔白石搭，
搭好白石塔，
石塔白又大。

(2) 读上面的绕口令：Read aloud the above tongue twister:

(3) 听写：Dictation:

二、用你听到的词语说一句话，并将"把"放在句中：Make a 把-
　　sentence with each group of words:

　　例 Model: 车票，交，列车员 —→ 他把车票交给了列车员。

三、听下面的句子,选择与句子意思一致的解释：Listen to the
　　sentences and circle the explanations that are appropriate
　　to them from the alternatives given:

　　(1) a　　b　　　　　(2) a　b

　　(3) a　　b　　　　　(4) a　b　c

　　(5) a　　b　c　　　　(6) a　b

四、听后回答问题：Listen to the dialogues and the story and
　　answer the questions on them:

　　(1) ①
　　　　②
　　　　③

　　(2) ①
　　　　②
　　　　③
　　　　④

　　(3) ①
　　　　②
　　　　③

　　　　生词 New words:
　　　　亲王 qīnwáng　prince
　　　　王后 wánghòu　queen
　　　　亲爱 qīn'ài　dear
　　　　玩具 wánjù　toy
　　　　孙儿 sūn'ér　grandson (son's son)

94

价值 jiàzhí value

五、听录音，快速回答问题：Give prompt answer. he following questions.

第四十五课　Lesson 45

一、语音练习：Pronunciation exercises:
　(1) 听后给下面的古诗注音：Transcribe the poem according to the recording:

还 自 广 陵

天寒水鸟自相依，
十百为群戏落晖。
过尽行人都不起，
忽闻水响一齐飞。

　(2) 朗读上面的诗。Read aloud the above poem。
　(3) 听写：Dictation:

二、用你听到的词语说一句话，并将"着"放在句中：Make a sentence in which 着 is used with each group of words:

例 Model: 躺，看——→他躺着看书。

三、听下面的句子，听后选择正确答案：Listen to the sentences and circle the correct answers to the questions from the alternatives given:

(1) a   b

(2) a   b   c

(3) a   b   c

(a   b

四、听后选择正确答案：Listen to the passage and the dialogu and circle the correct answers to the questions from the alternatives given:

(1) ① a   b   c

② a   b   c

③ a   b

生词 New words:

招待 zhāodài   to treat

运往 yùnwǎng   to transport t

(2) ① a   b

② a   b

③ a   b

生词 New words:

故事 gùshì   story

使 shǐ   to cause, to make

五、听录音，快速回答问题：Give prompt answers to the following questions:

第四十六课 Lesson 46

一、语音练习：Pronunciation exercises:

(1) 边听边给下面的句子注音：Transcribe the following signs according to the recording:

①请勿吸烟

②随手关门

③闲人免进

④小心火车

2．读上面的句子。Read the above signs.

二、听写练习：Dictation

(1) 写句子：Write down the following sentences:

①

②

③

④

⑤

(2) 听短文。请写下你听到的时间、地点和人名。Listen to the following passage and take down the time, place and name.

三、听下面的句子，听后回答问题：Listen to the sentences and answer the questions on them:

(1)

(2)

(3)

(4)

四、听后选择正确答案：Listen to the dialogues and circle the correct answers to the questions from the alternatives given:

(1) ① a   b

   ② a   b

   ③ a   b

生词 New words:

收拾 shōushi to pack up

趟 tàng *a measure word*

(2) ① a   b

   ② a   b   c

   ③ a   b

生词 New word:

约 yuē to make an appointment

五、听录音，快速回答问题：Give prompt answers to the following questions:

第四十七课 Lesson 47

一、语音练习：Pronunciation exercises:

(1) 边听边给下面的诗注音：Transcribe the poem accord-
ing to the recording:

船

套在脚上的

是两只无名的小船

因为我们向往远方

就行走在生活的海洋上

也许我们到不了对岸

但永远朝着一个方向

(2) 朗读上面的诗：Read aloud the above poem:

(3) 听后把下面的句子变成正反疑问句,然后用否定句回答：
Turn the following into affirmo-negative questions
and give the negative answers:

二、听写练习：Dictation:

(1) 听写句子：Write down the following sentences:

    ①

    ②

    ③

    ④

    ⑤

(2) 听下面的短文，边听边记下你听到的时间、地点、人名和数字。Listen to the following passage and take down the time, place, name and figures.

三、听下面的句子，听后回答问题：Listen to the sentences and answer the questions on them.

    (1)

    (2)

    (3)

    (4)

    (5)

四、听后选择正确答案：Listen to the dialogues and circle the correct answers to the questions from the alternatives given:

    (1) ① a   b

        ② a   b

    生词 New words:

    健壮 jiànzhuàng robust

永远 yǒngyuǎn forever, always

象   xiàng to be like

(2) ① a   b   c

② a   b   c

生词 New word:

节目 jiémù recreational programme

(3) a   b   c

五、听录音，快速回答问题：Give prompt answers to the following questions:

第四十八课　Lesson 48

一、语音练习：Pronunciation exercises:

(1) 边听边给下面的句子注音，Transcribe the proverbs according to the recording:

① 三人同行，必有我师。

② 活到老，学到老。

③ 经一事，长一智。

④ 只要改，不怕晚。

(2) 读上面的句子。Read aloud the above proverbs.

二、听写练习，Dictations

(1) 听写句子，Write down the following sentences:

①

②

③

④

⑤

(2) 听下面的短文，边听边记下你听到的时间、地点、人名和数字：Listen to the following passage and take down the time, place, name and figures:

三、听下面的句子，听后选择正确答案：Listen to the sentences and circle the correct answers to the questions from the alternatives given:

(1) a   b

(2) a   b

(3) a   b

(4) a   b

(5) a   b

四、听后回答问题：Listen to the dialogue and the passage and answer the questions on them:

(1) ①

②

③

生词 New words:

风 fēng wind

危险 wēixiǎn dangerous

技术员 jìshùyuán technician

(2) ①

②

③

生词 New words：

小偷 xiǎotōur　pick-pocket

打鼾 dǎ hān　to snore

沙发 shāfā　sofa

五、听录音，快速回答问题：Give prompt answers to the following questions:

第四十九课 Lesson 49

一、语音练习：Pronunciation:

(1) 边听边给下面的绕口令注音： Transcribe the tongue twister according to the recording:

大嫂子和大小子

一个大嫂子，一个大小子，

大嫂子跟大小子比包饺子；

不知是大嫂子包的饺子不如大小子，

还是大小子包的饺子不如大嫂子。

(2) 读上面的绕口令。Read aloud the above tongue twister；

(3) 听后把两句话合成比较句(一句用"比"，一句用"没有")；
Combine each group of sentences into 1) a sentence using 比; and 2) a sentence using 没有；

例 Model: 上海饭馆儿多。北京饭馆儿不太多。

上海饭馆儿比北京多。

北京饭馆儿没有上海那么多。

①

②

③

④

⑤

二、听写练习：Dictation:

边听边记下数字和地点：Take down the places and figures:

三、听下面的句子，听后回答问题：Listen to the sentences and answer the questions on them:

(1)

(2)

(3)

(4)

(5)

四、听后选择正确答案：Listen to the dialogues and circle the correct answers to the questions from the alternatives given:

(1) ① a   b   c

② a   b   c

③ a   b   c

生词 New word:

打算　dǎsuàn　to plan

(2) ① a   b   c

      ② a   b   c

      ③ a   b   c

生词 New words:

…极了 jíle　extremely

无锡 Wúxī　*Wuxi, a city in Jiangsu Province*

风景 fēngjǐng　landscape

五、听录音，快速回答问题：Give prompt answers to the following questions:

108

第 五 十 课　Lesson 50

一、语音练习：Pronunciation exercises:
   (1) 边听边给下面的谚语、格言注音：Transcribe the proverbs and maxims according to the recording:

   ①白日莫闲过，青春不再来。

   ②书到用时方恨少。

   ③室雅何须大，花香不在多。

   ④穿衣戴帽，各人所好。

   (2) 读上面的谚语、格言。Read aloud the above proverbs and maxims.
   (3) 边听边记，然后说出主要意思：Take notes while you listen and summarize orally what you hear:

二、把下面的句子改成比较句：Turn the following into sentences of comparison:
   (1)
   (2)
   (3)

(4)

(5)

三、听下面的句子，边听边填表：Listen to the following state-
ments and fill in the forms while you listen:

(1)

汽水一瓶	啤酒一瓶	啤酒比汽水贵

(2)

上海人口	北京人口	北京人口比上海少

(3)

最高气温	最低气温	风力

(4)

最低气温	最高气温	风力

(5)

长江长	黄河长	长江比黄河长

四、听后回答问题：Listen to the dialogues and answer the ques-
tions on them:

(1) ①

②

③

生词 New word:

旅游 lǚyóu tour

110

(2) ①

②

③

④

⑤

生词 New words:

转 zhuǎn　to turn

风向 fēngxiàng　wind direction

五、听录音，快速回答问题: Give prompt answers to the fol-
lowing questions:

第五十一课　Lesson 51

一、语音练习：Pronunciation exercises:

（1）边听边给下面的诗注音：Transcribe the poem according to the recording:

和童年留影对话

"你真是我吗？"

你用天真的笑回答了我。

"你真是我吗？"

回答不出。

因为我在寻找那颗失落的童心。

明天——相信我能回答：

"我就是你！"

（2）朗读上面的诗。Read aloud the above poem:

（3）听后把两个句子变成一个带"比"的句子：Combine each

group of sentences into one of comparison using 比,

①

②

③

④

⑤

二、边听边记下与下面问题有关的句子: Listen to the story and take down the sentences that are relevent to the following questions:

(1)

(2)

(3)

生词 New words:

黑猫 hēimāo black cat

警长 jǐngzhǎng police officer

只好 zhǐhǎo could only but…

坏蛋 huàidàn bad egg

三、听下面的句子，听后回答问题: Listen to the sentences and answer the questions on them:

(1)

(2)

(3)

(4)

(5)

四、听后选择正确答案: Listen to the dialogues and circle the

correct answers to the questions from the alternatives given:

(1) ① a　　b

　　② a　　b

(2) ① a　　b

　　② a　　b

生词 New words:

班 bān　flight

雷阵雨 léizhènyǔ　thunder shower

五、听录音，快速回答问题：Give prompt answers to the following questions:

第五十二课　Lesson 52

一、语音练习：Pronunciation exercises:

(1) 边听边给下面的绕口令注音：Transcribe the tongue twister according to the recording:

华华有两朵黄花儿，

红红有两朵红花儿。

华华要红花儿，

红红要黄花儿。

华华送给红红一朵黄花儿，

红红送给华华一朵红花儿。

华华有黄花儿和红花儿，

红红有红花儿和黄花儿。

两个笑得脸上象朵花儿。

(2) 读上面的绕口令。Read aloud the above tongue twister.

(3) 听后口头回答问题：Listen to the sentences and answer the questions on them orally:

二、边听边记，听后回答下面的问题：Take notes while you listen and then answer the following questions:

(1)

(2)

三、听下面的句子，听后回答问题：Listen to the sentences and answer the questions on them:

(1)

(2)

(3)

(4)

(5)

四、听后选择正确答案：Listen to the dialogues and circle the correct answers to the questions from the alternatives given:

(1) ① a   b   c

    ② a   b   c

    ③ a   b   c

(2) ① a   b   c

    ② a   b   c

生词 New word:

困难 kùnnan difficult

五、听录音，快速回答问题：Give prompt answers to the following questions:

116

第五十三课 Lesson 53

一、语音练习：Pronunciation exercises:

(1) 边听边给下面的古诗注音：Transcribe the poem according to the recording:

杂 诗

君自故乡来，
应知故乡事。
来日绮窗前，
寒梅着花未。

(2) 朗读上面的诗。Read aloud the above poem:

(3) 根据问题，标出答句的重音：Mark the sentence stresses of the answers as suggested by the questions:

① 昨天的表演比上次强得多。

② 没有，他比平时早到了十分钟呢！

③ 不，比这儿暖和多了。

④ 不，除了约翰和安娜以外，我们都没去过。

⑤ 不，除了四川以外，我还想去乌鲁木齐看看。

二、听写练习：Dictation:

边听边记下每个节日的名称和时间：Take down the names and dates of the holidays while you listen:

117

生词 New words:

政治性 zhèngzhìxìng　political

元旦 yuándàn　New Year's Day

正月 zhēngyuè　the First month by　the　lunar　calendar

初 chū　prefix used before numbers 1—10 to indicate the first ten days of a lunar month

三、听下面的句子，听后回答问题：Listen to the seentences and answer the questions on them:

(1)

(2)

(3)

(4)

(5)

四、听后填空：Listen to the dialogues and then　fill　in　the blanks:

(1) ① 中国的春节在农历＿＿月＿＿号。

② 初一早上人们吃过早饭就去亲戚朋友家＿＿＿＿＿。

③ 日本人现在不过＿＿＿＿＿，只过＿＿＿＿＿。

生词 New words:

除夕 chúxī　New Year's Eve

亲戚 qīnqi　relative

(2) ① 约翰买了三本书，一本是＿＿＿＿＿＿＿＿，一本是＿＿＿＿＿＿＿，一本是＿＿＿＿＿＿。另外，他还买了两种贺年片儿，一种是＿＿＿，一种是＿＿＿＿＿。

118

② 大年除了买书以外，还买了 _____。

生词 New words:

画册 huàcè picture album

毛笔 máobǐ Chinese brush for writing Chinese characters

五、听录音，快速回答问题：Give prompt answers to the following questions:

第五十四课 Lesson 54

一、语音练习：Pronunciation exercises:

  (1) 边听边给下面的词语注音：Transcribe the words and phrases according to the recording:

    ① 整整齐齐   ② 百花齐放

    ③ 艺术剧院   ④ 乘风破浪

    ⑤ 先进技术   ⑥ 为人民服务

    ⑦ 千奇百怪   ⑧ 九九八十一

  (2) 听写：Dictation:

    ①

    ②

    ③

    ④

二、听后把下面的"被"字句改成"把"字句：Turn the 被-sentences into 把-sentences:

  (1)

  (2)

  (3)

(4)

(5)

三、听下的句子，听后选择正确答案：Listen to the following sentences and circle the correct answers to the questions from the alternatives given:

(1) a   b   c

(2) a   b   c

(3) a   b   c

(4) a   b   c

(5) a   b   c

四、听后作练习：Listen to the dialogues before you do the following exercises:

生词 New words:

除夕 chúxī New Year's Eve

聊天 liáotiānr to have a chat

拜年 bàinián to pay a New Year visit

庆祝 qìngzhù to celebrate

活动 huódòng activity

(1) 填空：Fill in the blanks:

① 春节前一天叫_____，也叫_____。到了半夜十二点人们互相_____。这时候_____最多，最热闹。

② 北京的春天是从___月到___月。

(2) 选择正确答案：Circle the correct answers to the questions from the alternatives given:

① a   b   c

② a   b   c

③ a   b   d

五、听故事，回答问题：Listen to the story and then answer

121

the questions.

生词 New words:

斧子 fǔzi axe

感动 gǎndòng to be moved

(1)

(2)

(3)

六、听录音，快速回答问题：Give prompt answers to the following questions:

第五十五课　Lesson 55

一、语音练习：Pronunciation exercises:

边听边给下面的词语注音：Transcribe the words and phrases according to the recording:

    (1) 玻璃制品　　(2) 长途电话

    (3) 蔬菜商店　　(4) 长跑运动员

    (5) 糊里糊涂　　(6) 急急忙忙

    (7) 精神焕发　　(8) 八仙过海，各显其能。

二、听写：Dictation:

    (1)

    (2)

    (3)

    (4)

三、听下面的句子，听后选择正确释解：Listen to the following

sentences and circle the correct explanations from the alternatives given:

(1) a   b   c

(2) a   b   c

(3) a   b   c

(4) a   b   c

(5) a   b   c

四、听后作练习: Listen to the story before you do the following exercises:

生词 New words:

家长 jiāzhǎng   parent or guardian of a child

民警 mínjǐng   civil police(man)

文章 wénzhāng   article

(1) 选择正确答案: Circle the correct explanations from the alternatives given:

① a   b   c

② a   b   c

③ a   b   c

④ a   b   c

(2) 回答下面的问题: Answer the following questions:

①

②

③

④

⑤

五、听录音, 快速回答问题: Give prompt answers to the following questions:

录 音 文 本
The Tapescript

第 一 课

一、听韵母。第一遍听，第二遍、第三遍跟读：

　　a o e r ai ao an i iu ian in u ua

二、听声母。第一遍听，第二遍、第三遍跟读：

　　b d t n l s g k h w y

三、听音节。第一遍听，第二遍、第三遍跟读：

　　ba bai ban bao bo bu bi bin

　　da dai dan dao du di diu dian

　　ta tai tan tao tu ti tian

　　na nai nan nao nu ni niu nin

　　la lai lan lao lu li liu lian lin

　　sa sai san sao su

　　ga gai gan gao gu gua

　　ka kai kan kao ku kua

　　ha hai han hao hu hua

　　ya yan yao yi yin

　　wa wai wan wo wu

四、听声调。第一遍听，第二遍、第三遍跟读：

　　(1) ā á ǎ à 　　　āi ái ǎi ài 　　　ān án ǎn àn

　　　　a ú ǔ ù

　　　　ī í ǐ ì

(2) lā   lá   lǎ   là   bān bán bǎn bàn

hā   há   hǔ   hù   kāi kái kǎi kài

niū niú niǔ niù   lū   lú   lǔ   lù

gān gán gǎn gàn   nū   nú   nǔ   nù

dāo dáo dǎo dào   sā   sá   sǎ   sà

liān lián liǎn liàn   tā   tá   tǔ   tù

yīn yín yǐn yìn   wān wán wǎn wàn

yān yán yǎn yàn

五、听后划出声母：

(1) na   la   (2) san   lan

nao   lao   sa   la

nu   lu   sai   lai

(3) dan   tan   (4) gao kao

dai   tai   gu   ku

dian tian   gua   kua

六、听后划出韵母：

(1) b { a / ao / u

(2) t { ao / u / i

(3) h { a / an / ao

(4) l { lu / ln / l

(5) y { a / ao / o

(1) w { a / u / o

七、划出你听到的音节：

130

(1)	tā	tǎ		(2)	dá	dà
	bái	bǎi			bù	bú
	hú	hǔ			huā	huà
	tāo	táo			gǎo	gào
	liú	liǔ			lù	lú
	hǎi	hái			wāi	wài
	sān	sǎn			ér	ěr

八、听后标出调号:

(1) lá (2) nǔ (3) dà (4) sān

(5) yáo (6) bài (7) huá (8) liǎn

(9) liú (10) báo (11) tǐ (12) yī

九、练习对话:

(1) 情景:两个老朋友又见面了。

A:你好!

B:你好!

(2) 情景:在路上学生见到了老师。

A:您好!

B:你好!

(3) 情景:两个人第一次认识。

A:您好!

B:您好!

第 二 课

一、听韵母。第一遍听，第二遍、第三遍跟读：

(1) e ei en

(2) a o e er ai ei ao an en i iu ian in u ua

二、听声母。第一遍听，第二遍、第三遍跟读：

b m d t n l s g k h y w

三、听音节。第一遍听，第二遍、第三遍跟读：

da dai de dei den du dan diu

gai ge gei gen gao gan gu gua

mai me mei men mu man min mian

ka ke kai kei kao kan ken

ta tu ti tai tao tan tian te

nai nei nen nan nu niu nin nian

sai se sen sa san su

ya ye yao yan

wa wan wu wai wen

四、听声调。第一遍听，第二遍、第三遍跟读：

(1) ā á ǎ à   ē é ě è   ēi éi ěi èi

ēn én ěn èn   āi ái ǎi ài

132

(2)　māi　mái　mǎi　mài　　　gēn　gén　gěn　gèn

　　　tū　tú　tǔ　tù　　　diān　dián　diǎn　diàn

　　　hū　hú　hǔ　hù　　　sēn　sén　sěn　sèn

(3)　lālā　lālá　lālǎ　lālà　lāla

　　　lálā　lálá　lálǎ　lálà　lála

　　　lǎlā　lǎlá　lǎlǎ　lǎlà　lǎla

　　　làlā　làlá　làlǎ　làlà　làla

(4)　lāla　lála　lǎla　làla

　　　gūgu　lái ba　hǎode　kàn a

五、听后划出声母：

(1)　da　　ta
　　　dai　　tai
　　　di　　　ti
　　　dao　　tao
　　　dan　　tan

(2)　gu　　ku　　hu
　　　gen　　ken　　hen
　　　gao　　kao　　hao
　　　gua　　kua　　hua
　　　gan　　kan　　han

六、听后划出韵母：

(1)　ben　　ban
　　　sen　　san
　　　men　　man
　　　nen　　nan
　　　wen　　wan

(2)　lin　　lian
　　　diu　　dian
　　　niu　　nian
　　　miu　　mian

七、听后把每个音节的声韵母连在一起：

huā lín wǔ dào yě mèn tán gǎi

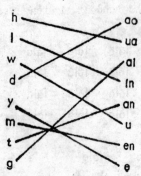

八、听后标出调号：

(1) mǔ mén gé bēi wǎn dāi tián kè

(2) bāyī máoyī gùkè yánsè dìtú

(3) mèimei bàba tāmen wǒde yéye

九、练习对话：

(1) 情景：孩子给爸爸打电话。

A：您好，爸爸！

B：你好！

(2) 情景：孩子给妈妈打电话。

A：您好，妈妈！

B：你好！

(3) 情景：上课了，老师走进教室，师生互相问候。

A：你们好！

B：您好！

第 三 课

一、听韵母。第一遍听，第二遍、第三遍跟读：

(1) ou   eng   ong   ui

(2) a o e er ai ei ao ou an en eng ong i iu ian in u
ua ui

二、听声母。第一遍听，第二遍、第三遍跟读：

(1) p f sh r

(2) b p m f d t n l s sh r g k h y w

三、听音节。第一遍听，第二遍、第三遍跟读：

pa pan pen peng pou pu pian pin

fa fan fen feng fei fu

sha she shei shai shao shan shen sheng shou shu shua
shui

re rao rou ran ren reng rong ru rui

四、听声调。第一遍听，第二遍、第三遍跟读：

(1) ōu óu ǒu òu   ēng éng ěng èng

ōng óng ǒng òng   uī uí uǐ uì

(2) pēng   péng   pěng   pèng

——   shuí   shuǐ   shuì

fū   fú   fǔ   fù

(3)　lālā　　lālá　　lālǎ　　lālà　　lāla

　　　lálā　　lálá　　lálǎ　　lálà　　lála

　　　lǎlā　　lǎlá　　lǎlǎ　　lǎlà　　lǎla

　　　làlā　　làlá　　làlǎ　　làlà　　làla

(4)　pāndēng　　rēngrán　　shēntǐ　　fūfù　　dōngbian

　　　línshī　　　értóng　　　niúnǎi　　róngyì　　shíhou

　　　kǎoyā　　　běnlái　　　wǔdǎo　　yǒuyì　　lǎoshī

　　　lùyīn　　　shìshí　　　lǐshǐ　　　rèlèi　　gùshi

(5)　shǒudū　　měitiān　　kěnéng　　rǎnhóng　　fǔdǎo

　　　yǒnggǎn　　wǎnhuí　　nǔlì　　　měige　　　wǎnle

五、辨韵母。划出你听到的音节：

(1)　gai(✓)　　gei　　　　　(2)　ben(✓)　　beng

　　　shai　　　shei(✓)　　　　　pen　　　　peng(✓)

　　　pai　　　pei(✓)　　　　　　fen　　　　feng(✓)

　　　mai(✓)　mei　　　　　　　shen(✓)　sheng

　　　nai　　　nei(✓)　　　　　　ren　　　reng(✓)

(3)　man　　　men(✓)

　　　nan　　　nen(✓)

　　　shan(✓)　shen

　　　ran(✓)　ren

　　　han　　　hen(✓)

(4) gao   gou(✓)   gong

dao(✓)   dou   dong

rao   rou   rong(✓)

yao   you   yong(✓)

lao   lou(✓)   long

六、辨声母。划出你听到的音节：

beng(✓)   peng

tong(✓)   dong

gu   ku(✓)

shan   san(✓)

long   rong(✓)

fu(✓)   mu

七、听后标出调号：

(1) gòngtóng   (2) gǎigé   (3) héshì   (4) bǎoguì

(5) dàhǎi   (6) měilì   (7) shídài   (8) pútao

(9) nèiróng   (10)péngpài (11)shǒutào (12)gǔdài

八、听后填空：

(1) 情景：A 向朋友介绍他的弟弟。

A：他是我弟弟，是大夫。她是我朋友。

B：你好！

C：你好！

B：你是老师吗？

C：是，我是老师。

他弟弟是 __(大夫)__ 。

137

(2) 情景：A 在 B 家看 B 的全家福照片。

A：你妹妹是大夫吗？

B：她是护士。我妈妈是大夫。

A：他是谁？

B：他是我哥哥，是工人。

他妈妈是 <u>（大夫）</u>，妹妹是 <u>（护士）</u>，哥哥是 <u>（工人）</u>。

第 四 课

一、听韵母。第一遍听，第二遍、第三遍跟读：

   (1) ang uan uo

   (2) a o e er ai ei ao ou an en ang eng ong i iu ian
       in u ua uo ui uan

二、听声母。第一遍听，第二遍、第三遍跟读：

   (1) zh ch

   (2) b p m f d t n l s zh ch sh r g k h y w

三、听音节。第一遍听，第二遍、第三遍跟读：

   (1)
zha	zhai	zhao	zhou	zhan
cha	chai	chao	chou	chan

zhen	zhang	zheng	zhu	zhuo
chen	chang	cheng	chu	chuo

zhui	zhuan
chui	chuan

   (2)
shan	shu	duan	guo	bang
ran	ru	tuan	kuo	pang

bian	lin	shu
pian	nin	su

139

(3)
$\begin{cases} nà \\ nàr \end{cases}$　$\begin{cases} zhā \\ zhār \end{cases}$　$\begin{cases} zhè \\ zhèr \end{cases}$　$\begin{cases} lán \\ lánr \end{cases}$　$\begin{cases} wǎn \\ wǎnr \end{cases}$

$\begin{cases} guǎn \\ guǎnr \end{cases}$　$\begin{cases} dèng \\ dèngr \end{cases}$　$\begin{cases} hái \\ háir \end{cases}$　$\begin{cases} zhū \\ zhūr \end{cases}$　$\begin{cases} mén \\ ménr \end{cases}$

四、听声调。第一遍听，第二遍、第三遍跟读：

(1)
zhāng	zháng	zhǎng	zhàng
chāng	cháng	chǎng	chàng
zhuān	zhuán	zhuǎn	zhuàn
chuān	chuán	chuǎn	chuàn
piān	pián	piǎn	piàn
tiān	tián	tiǎn	tiàn
fū	fú	fǔ	fù
hū	hú	hǔ	hù

(2)
lālā	lālá	lālǎ	lālà	lāla
lálā	lálá	lálǎ	lálà	lála
lǎlā	lǎlá	lǎlǎ	lǎlà	lǎla
làlā	làlá	làlǎ	làlà	làla

(3)
dōngfāng	zhāopái	chūbǎn	chēzhàn	zhāohu
chénggōng	Chángchéng	chuántǒng	chéngshì	chúle
zhuǎnbō	chǎnchú	chǎnpǐn	chǎofàn	wǎnshang
chànggē	chuànmén	zhuànyǐ	zhòngyào	zhàngfu

(4)
sāndǎr	cháguǎnr	zhāopiānr	yìdiǎnr
bǎobèir	shǒutàor	zài nǎr	zhù zhèr

140

(5) Tiān'ānmén   dàshǐguǎn   bàngōngshì

    huǒchēzhàn   shuǐguǒdiàn   hěnlánpiànr

五、辨声母。划出你听到的音节：

(1) zhī(✓)   chī   zhen   chen(✓)

    zhu(✓)   shu   shuī   zhuī(✓)

    zhai   chai(✓)   zhou(✓)   shou

    shang(✓)   chang   shua(✓)   zhua

(2) gua(✓)   kua   guan   kuan(✓)

    huo   guo(✓)   huo   kuo(✓)

    cai   hai(✓)   gong(✓)   kong

    kang(✓)   gang   gou   hou(✓)

六、辨韵母。划出你听到的音节：

    rou   ruo(✓)   rong

    zhao(✓)   zhuo   zhong

    shan(✓)   shang   sheng

    chou   chong(✓)   chao

七、听后标出调号：

(1) sēnlín   (2) zhēnlǐ   (3) shēnrù   (4) sōngshù

(5) huānténg   (6) shìchǎng   (7) fāngfǎ   (8) hóngsè

(9) yǎnchū   (10) běifēng   (11) duànliàn   (12) gōngchǎng

八、听后填"-r"：

(1) Yí dà dár

(2) Zhēn   méi   fǎr

141

(3) Tā   shàng   nǎr?

(4) Wǒ   shàng   nǎr.

(5) Zhège   wǎnr   hěn   hǎo.

九、听后选择正确答案：

(1) 情景：学生们在楼前遇见了常老师。

A、B、C：常老师好!

D：你们好。你们上哪儿？

A：李大年上食堂，刘天华上银行，我上商店。

B：常老师，您上哪儿？

D：我上医务所。

问：谁上医务所？

a. 李大年   b. 刘天华   c. 常老师○

(2) 情景：两个老人在路上相遇。

A：您上哪儿？

B：我上图书馆。

A：上哪儿？上饭馆儿？

B：图书馆!

问：他上哪儿？

a. 图书馆○   b. 饭馆儿

十、听录音，口头回答问题：

(1) 你上哪儿？

(2) 张正生上哪儿？

(3) 常志成上医务所吗？

(4) 谁上商店？

第 五 课

一、听韵母。第一遍听，第二遍、第三遍跟读：

a o e er ai ei ao ou an en ang eng ong i iu

ian in u ua uo ui uan

二、听声母。第一遍听，第二遍、第三遍跟读：

$$\left\{\begin{matrix} b \\ p \end{matrix}\right. \quad \left\{\begin{matrix} d \\ t \end{matrix}\right. \quad \left\{\begin{matrix} n \\ l \end{matrix}\right. \quad \left\{\begin{matrix} zh \\ ch \end{matrix}\right. \quad \left\{\begin{matrix} sh \\ r \end{matrix}\right. \quad \left\{\begin{matrix} sh \\ s \end{matrix}\right. \quad \left\{\begin{matrix} g \\ k \end{matrix}\right.$$

$$\left\{\begin{matrix} g \\ h \end{matrix}\right. \quad \left\{\begin{matrix} k \\ h \end{matrix}\right. \quad \left\{\begin{matrix} h \\ f \end{matrix}\right.$$

三、听音节。第一遍听，第二遍、第三遍跟读：

(1) $\left\{\begin{matrix} gua \\ hua \end{matrix}\right.$ $\left\{\begin{matrix} zhuan \\ chuan \end{matrix}\right.$ $\left\{\begin{matrix} shua \\ rua \end{matrix}\right.$ $\left\{\begin{matrix} guan \\ huan \end{matrix}\right.$ $\left\{\begin{matrix} fu \\ hu \end{matrix}\right.$

$\left\{\begin{matrix} bu \\ pu \end{matrix}\right.$ $\left\{\begin{matrix} du \\ tu \end{matrix}\right.$

(2) $\left\{\begin{matrix} guo \\ gua \end{matrix}\right.$ $\left\{\begin{matrix} huo \\ hua \end{matrix}\right.$ $\left\{\begin{matrix} zhuo \\ zhua \end{matrix}\right.$ $\left\{\begin{matrix} zhan \\ zhuan \end{matrix}\right.$ $\left\{\begin{matrix} chan \\ chuan \end{matrix}\right.$

$\left\{\begin{matrix} gan \\ guan \end{matrix}\right.$ $\left\{\begin{matrix} han \\ huan \end{matrix}\right.$

四、听声调。第一遍听，第二遍、第三遍跟读：

(1) lālā   lālá   lālǎ   lālà   lāla

     láIā   láIá   láIǎ   láIà   lála

     lǎIā   lǎlá   lǎlǎ   lǎlà   lǎla

     làIā   làlá   làlǎ   làlà   làla

(2) guāfēng   Zhōnghuá   shēntǐ   shāndòng   zhīshi

     dúshū   értóng   mínzhǔ   shídài   róngyi

     shǒudū   lǐtáng   fǔdǎo   kǎoshì   ěrduo

     diànchē   kèwén   dàshǐ   hùzhù   gàosu

(3) yīwùsuǒ   rénmínbì   yóulǎntú   shìyīshì

     bàogàohuì   Ālābówén

     wúguǐ diànchē   diànshì zhuǎnbō

(4) bàba   zhàozhe   nuǎnhuo   wǎnshang   tàiyang

     shéide   guàntou   yílùshang   chàbuduō   shìyishì

(5) wàibianr   pángbiānr   niánhuàr   chànggēr

     dàshēngr   cháguǎnr   rèshuǐguǎnr

(6) bù   bù bān   bù zhuān   bù bái

     bù lián   bù lěng   bù bǐ   bú shì

     bú duì   bú rè   bú huì

五、听后把每个音节的声韵母连在一起：

zhao   chou   shai   sen   rong   huo   gan   fei

144

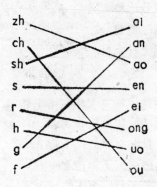

六、听后填上声母：

zhāshi   zhīchí   zhēnshí   zhòngyào

chāisàn   chóngféng zhēnchéng péichèn

七、听后填上韵母：

zhànzhǎng   shénshèng   fǎngwèn   chángláng

chénggōng   wǎnshang   zhēnchéng   shānshang

八、听后标出调号：

tōngzhī   suíshí   diànshì   yóulǎn

zhuǎnwānr   huàbào   huǒchái   hǎoshì

九、听后选择正确答案：

(1) 情景：A 和 B 在食堂买饭。

    A：你吃什么？

    B：这是什么？

    A：这是馒头。那是糖包儿。

    B：你吃馒头吗？

A：不，我吃糖包儿。

B：我也吃糖包儿。

问：他们吃什么？

　　a. 馒头　　　　b. 糖包儿〇

（2）情景：李大年和刘天华在路上相遇。

　　A：刘天华，你回宿舍吗？

　　B：不，我上书店。你上哪儿？

　　A：我上图书馆。你买书吗？

　　B：对，我买书，也买画报。

　　问：刘天华上哪儿？

　　　　a. 宿舍　　b. 书店〇　　c. 图书馆

（3）情景：A 向 B 询问银行在哪儿？

　　A：那是银行吗？

　　B：不，那是商店。你上银行吗？

　　A：对，我上银行。你上哪儿？

　　B：我也上银行。

　　问：他们上哪儿？

　　　　a. 商店　　　　b. 银行〇

十、听录音，口头回答问题：

　　（1）这是什么？

　　（2）那是什么？

　　（3）你们上哪儿？

　　（4）他吃糖包儿吗？

　　（5）你常常吃馒头吗？

　　（6）那是什么地方？

　　（7）你买什么？

第 六 课

一、听韵母。第一遍听，第二遍、第三遍跟读：

a o e er ai ei ao ou an en ang eng ong

i ie iu ian in ing u ua uo ui uan

二、听声母。第一遍听，第二遍、第三遍跟读：

(1) $\begin{cases} j \\ q \end{cases}$ $\begin{cases} j \\ zh \end{cases}$ $\begin{cases} q \\ ch \end{cases}$ $\begin{cases} x \\ sh \end{cases}$

(2) $\begin{cases} zh \\ ch \end{cases}$ $\begin{cases} sh \\ r \end{cases}$ $\begin{cases} b \\ p \end{cases}$ $\begin{cases} m \\ f \end{cases}$ $\begin{cases} d \\ t \end{cases}$

$\begin{cases} n \\ l \end{cases}$ $\begin{cases} g \\ k \end{cases}$

三、听音节。第一遍听，第二遍、第三遍跟读：

(1) $\begin{cases} ji \\ qi \\ xi \end{cases}$ $\begin{cases} jie \\ qie \\ xie \end{cases}$ $\begin{cases} jiu \\ qiu \\ xiu \end{cases}$ $\begin{cases} jian \\ qian \\ xian \end{cases}$ $\begin{cases} jin \\ qin \\ xin \end{cases}$ $\begin{cases} jing \\ qing \\ xing \end{cases}$

(2) $\begin{cases} bie \\ pie \end{cases}$ $\begin{cases} die \\ tie \end{cases}$ $\begin{cases} nie \\ lie \end{cases}$

(3) $\begin{cases} bin \\ bing \end{cases}$ $\begin{cases} pin \\ ping \end{cases}$ $\begin{cases} lin \\ ling \end{cases}$ $\begin{cases} min \\ ming \end{cases}$ $\begin{cases} nin \\ ning \end{cases}$

(4)   g⌉   g⌉   g⌉   g⌉   g⌉
       k⌡an   k⌡ang   k⌡u   k⌡ui   k⌡uan
       h⌡   h⌡   h⌡   h⌡   h⌡

四、听声调。第一遍听，第二遍、第三遍跟读：

(1) jiē jié jiě jiè   qiū qiú qiǔ qiù
    jiān jián jiǎn jiàn   qīn qín qǐn qìn
    jīng jíng jǐng jìng   xīng xíng xǐng xìng

(2) qīngsōng   jǐjǐ   qīnyǒu   jǐqǐ   qīngchu
    qiánlān   jiébái qiúchǎng qiánjìn jiéqì
    jiěshuō   jǐnjí   jiǎnshǎo jiěshì jiějie
    jiànkāng   qìyóu   jìnglǐ   jiànzhù xièxie

(3) qìchēzhàn   lěngyǐndiàn   jǐqìrénr

(4) Qǐng nǐ gěi wǒ wǔběn tàwén shū.

   一、二、三、四、五、六、七、八、九、十

五、划出你听到的音节：

(1) ji   qi(✓)   (2) bin(✓)   bing
    jie   qie(✓)   pin   ping(✓)
    jiu(✓)   qiu   min(✓)   ming
    jian   qian(✓)   nin   ning(✓)
    jin   qin(✓)   lin   ling(✓)
    jing(✓)   qing   xin(✓)   xing

六、听后填上声母：

    jǐtǐ   qìchē   qiútiān   jiēshòu
    qiántú   jiànmiàn jǐnjí   qínglǎng

148

七、听后填上韵母：

xīngqī　　jìnbù　　pīngpāng　　yǐngshè

jīngshén　niánqīng　rèliè　　piēkāi

八、学说绕口令：

妈妈骑马，　　　　　Māma qí mǎ,

马慢妈妈骂马；　　　Mǎ màn māma mà mǎ;

妞妞轰牛，　　　　　Niūniu hōng niú,

牛拗妞妞拧牛。　　　Niú niù Niūniu níng niú.

九、听后选择正确答案：

(1) 情景：A 在教室的窗台上看到一本画报，不知道是谁
的。

A：李大年，看，画报。

B：这是谁的画报？你知道吗？

A：我也不知道。

B：是不是刘天华的画报？

A：（喊）刘天华，这是你的画报吗？

C：什么？我的画报？……啊，对，对，是我的画报。

B：给你。

C：谢谢。

B：不谢。

问：那是谁的画报？

a. 是李大年的画报　　b. 是刘天华的画报○

(2) 情景：阿里在路上遇见了李大年和他的姐姐。

A：大年，你们上哪儿？

B：阿里，你好。这是我姐姐。这是我朋友阿里。

A：您好！

C：您好！

A：这是你的报，给你。

B：谢谢。

A：不谢。

问：那是谁的报？

　　a. 是大年的报　　b. 是姐姐的报　　c. 是阿里的报 ◯

十、听录音，口头回答问题：

（1）这是谁的书？

（2）那是谁的画儿？

（3）这是你的纸吗？

（4）你知道这是什么？

（5）你知道那是谁的馒头？

（6）那是姐姐的宿舍吗？

（7）她是高老师的姐姐吗？

（8）她是谁的姐姐？

（9）那个青年是医生吗？

（10）你给谁书？

第 七 课

一、听韵母。第一遍听，第二遍、第三遍跟读：

$\begin{cases} a \\ e \end{cases}$ $\begin{cases} ao \\ ou \end{cases}$ $\begin{cases} an \\ ang \end{cases}$ $\begin{cases} ian \\ iang \end{cases}$ $\begin{cases} ang \\ iang \end{cases}$ $\begin{cases} en \\ eng \end{cases}$

$\begin{cases} in \\ ing \end{cases}$

二、听声母。第一遍听，第二遍、第三遍跟读：

$\begin{cases} b \\ p \end{cases}$ $\begin{cases} m \\ f \end{cases}$ $\begin{cases} d \\ t \end{cases}$ $\begin{cases} l \\ r \end{cases}$ $\begin{cases} j \\ q \end{cases}$ $\begin{cases} j \\ x \end{cases}$ $\begin{cases} q \\ x \end{cases}$

$\begin{cases} g \\ k \\ h \end{cases}$ $\begin{cases} zh \\ ch \\ sh \\ r \end{cases}$

三、听音节。第一遍听，第二遍、第三遍跟读：

(1) $\left.\begin{matrix} j \\ q \\ x \end{matrix}\right\} i$ $\left.\begin{matrix} j \\ q \\ x \end{matrix}\right\} ie$ $\left.\begin{matrix} j \\ q \\ x \end{matrix}\right\} iu$ $\left.\begin{matrix} j \\ q \\ x \end{matrix}\right\} ian$ $\left.\begin{matrix} j \\ q \\ x \end{matrix}\right\} iang$

$\left.\begin{matrix} n \\ l \\ q \end{matrix}\right\} iang$ $\left.\begin{matrix} g \\ k \\ h \end{matrix}\right\} u$ $\left.\begin{matrix} zh \\ ch \\ sh \end{matrix}\right\} u$

151

(2)

$$f\begin{cases}a\\an\\ang\end{cases} \quad p\begin{cases}ai\\ei\\ou\end{cases} \quad t\begin{cases}a\\ao\\an\end{cases} \quad ch\begin{cases}a\\ou\\ang\end{cases}$$

四、听声调。第一遍听，第二遍、第三遍跟读：

(1)　niāng　　　niáng　　　niǎng　　　niàng

　　　liāng　　　liáng　　　liǎng　　　liàng

　　　jiāng　　　jiáng　　　jiǎng　　　jiàng

　　　qiāng　　　qiáng　　　qiǎng　　　qiàng

　　　xiāng　　　xiáng　　　xiǎng　　　xiàng

(2)　fēijī　　　sēnlín　　　jīnshǔ　　　fāngxiàng

　　　liánhuān　　lánqiú　　　tíngzhǐ　　　nóngyè

　　　Běijīng　　yǒumíng　　yǎnjiǎng　　língxiù

　　　lùyīn　　　liànxí　　　mòxiě　　　duànliàn

(3)　shǒudū　　měitiān　　mǎchē　　　jiǎndān

　　　fǎláng　　　fǔzhú　　　qiǎngduó　　wǔshí

　　　yǒuyì　　　měilì　　　bǎohù　　　kěndìng

　　　běnshì　　　nuǎnhuo　　yǎnjing　　wǎnshang

(4)　huàhuàr　　　xiāngshuǐr　　　xiàngpiānr

　　　shuǐdiǎnr　　huābiānr　　　mòshuǐr

(5)　一、二、三、四、五、六、七、八、九、十

　　　十、九、八、七、六、五、四、三、二、一

五、听后填上声母：

<u>s</u>i　　<u>x</u>ie　　<u>x</u>iang　　<u>s</u>ai　　<u>j</u>iu　　<u>s</u>ou　　<u>q</u>ian　　<u>t</u>u

152

六、划出你听到的音节：

(1) jiang(√)   zhang   (2) jian(√)   jiang

    qian(√)   jian   xian(√)   xiang

    xiu   jiu(√)   zhan   zhang(√)

    jie   qie(√)   chan(√)   chang

    gong   kong(√)   xie   xiu(√)

    shan(√)   xian   shan(√)   shang

七、听后标出调号：

(1) jiǎndān   (2) wǔshí   (3) nǔlì   (4) nuǎnhuo

(5) ěrduo   (6) Fǎguó   (7) yìxiē   (8) kāishuǐ

八、听后选择正确答案：

(1) 情景：阿里想借摩托车用。

    生词：用 yòng to use

    A：(敲门)你好，天华。

    B：阿里，你好。

    A：你有摩托车吗？

    B：没有。你想用吗？

    A：对，你知道谁有吗？

    B：我同屋李大年有。

问：谁有摩托车？

    a. 天华   b. 阿里   c. 李大年〇

(2) 情景：A 想借日文画报看。

    A：高老师，您有日文画报吗？

    B：没有，我有英文画报。你想看吗？

    A：我不看英文画报。您知道哪儿借日文画报吗？

    B：图书馆。图书馆有中文画报，也有日文画报、英文画报、法文画报、西班牙文画报、德文画报、阿拉伯文画报。

A：太好了！谢谢您。

B：不谢。

问：高老师有什么画报？

　　a. 日文画报　　　b. 英文画报○　　　c. 中文画报

九、听录音，口头回答问题：

(1) 你有照相机吗？

(2) 你有录音机吗？

(3) 你同屋有收音机吗？

(4) 你有姐姐吗？

(5) 你想借书吗？

(6) 谁有摩托车？

(7) 你想看电视吗？

(8) 你朋友想买什么书？

(9) 你有什么书？

(10) 那个青年是你同屋吗？

第 八 课

一、听韵母。第一遍听，第二遍、第三遍跟读：

$$\begin{cases} \text{lan} \\ \text{lang} \end{cases} \quad \begin{cases} \text{in} \\ \text{ing} \end{cases} \quad \begin{cases} \text{u} \\ \text{uo} \end{cases} \quad \begin{cases} \text{ua} \\ \text{uo} \end{cases} \quad \begin{cases} \text{uan} \\ \text{uang} \end{cases}$$

二、听声母。第一遍听，第二遍、第三遍跟读：

$$\begin{cases} \text{z} \\ \text{c} \end{cases} \quad \begin{cases} \text{zh} \\ \text{ch} \end{cases} \quad \begin{cases} \text{s} \\ \text{sh} \end{cases} \quad \begin{cases} \text{sh} \\ \text{r} \end{cases} \quad \begin{cases} \text{b} \\ \text{p} \end{cases} \quad \begin{cases} \text{d} \\ \text{t} \end{cases} \quad \begin{cases} \text{g} \\ \text{k} \end{cases}$$

$$\begin{cases} \text{j} \\ \text{q} \end{cases} \quad \begin{cases} \text{x} \\ \text{sh} \end{cases}$$

三、听音节。第一遍听，第二遍、第三遍跟读：

$$\left.\begin{matrix} \text{z} \\ \text{c} \\ \text{s} \end{matrix}\right\} \text{a} \quad \left.\begin{matrix} \text{z} \\ \text{c} \\ \text{s} \end{matrix}\right\} \text{ai} \quad \left.\begin{matrix} \text{z} \\ \text{c} \\ \text{s} \end{matrix}\right\} \text{ou} \quad \left.\begin{matrix} \text{z} \\ \text{c} \\ \text{s} \end{matrix}\right\} \text{an} \quad \left.\begin{matrix} \text{z} \\ \text{c} \\ \text{s} \end{matrix}\right\} \text{ang} \quad \left.\begin{matrix} \text{z} \\ \text{c} \\ \text{s} \end{matrix}\right\} \text{ong}$$

$$\left.\begin{matrix} \text{z} \\ \text{c} \\ \text{s} \end{matrix}\right\} \text{u} \quad \left.\begin{matrix} \text{z} \\ \text{c} \\ \text{s} \end{matrix}\right\} \text{uan} \quad \left.\begin{matrix} \text{zh} \\ \text{ch} \\ \text{sh} \end{matrix}\right\} \text{uang} \quad \left.\begin{matrix} \text{g} \\ \text{k} \\ \text{h} \end{matrix}\right\} \text{uang}$$

四、听声调。第一遍听，第二遍、第三遍跟读：

(1) zāogāo　suīrán　xiūlǐ　　yīguì　　cōngming

　　chuánshuō cónglái　yóuyǒng　zájì　　zánmen

zǎocāo bǐrú guǎngchǎng cǎisè sǎngzi

zuòjiā qù nián Rìběn zàijiàn cuòwu

(2) xīngqīrì yóulǎntú xíngli`jià xiězìtái

zhíshēngfēijī chūzū qìchē chàbuduō zhīshifènzǐ

(3) yī ╱ yìbān yìbiānr yìzhí yìtóng

yìqǐ yìdiǎnr yídìng yíhuìr yílùshang

五。听后填上声母:

(1) zhǐzào (2) chēngzàn (3) chángchu (4) xīnzàng

(5) cāochǎng (6) cùshǐ (7) zǒngshì (8) zǎocāo

六、划出你听到的音节:

(1) zhuan(✓) zhuang zhong

chuan chuang chong(✓)

shuan shuang(✓)

(2) guan guang(✓) gong

kuan(✓) kuang kong

huan(✓) huang hong

七、听后划出第四声和第二声连读的词语:

(1) yì zhāng (2) zhè chuáng

(3) nà bǎ (4) xiàngpí

(5) cídài (6) shì shéi

(7) zájì (8) liù mén

(9) shàng lóu (10) bù gěi

八、听后回答问题:

(1) 情景: 一个学生和宿舍的管理人员谈话。

　　　生词: 明天　míngtiān　tomorrow

A: 同志, 我的宿舍没有椅子。

B: 是吗? 有桌子没有?

A: 有。

B: 几张?

A: 两张。也有两个柜子。

B: 我上你宿舍看看。

A: 好。

　　　(A与B去A的宿舍, 进屋看了家具)

B: 你的宿舍有床、柜子、桌子, 没有椅子。明天我给
　 你两把。

A: 谢谢你。

问: 他的宿舍有什么?

(2) 情景: A想借阿里的词典。

　　　生词: 在　zài　in, on, at

A: 阿里, 你有词典吗?

B: 你要什么词典?

A: 阿拉伯文的词典。

B: 有。在宿舍。明天给你。

A: 好, 明天我看看。谢谢你。

B: 不谢。

问: 阿里有词典吗?

(3) 情景: 阿里在商店买练习本。

A: 同志, 我要买练习本。

B: 您要哪种?

A: 我要那种。

B：您买几本？

A：四本。

问：他买什么？

九、听录音，我说一个名词，请你在前边加上数词"一"和量词：

(1) 床　　　　(2) 桌子　　　(3) 纸　　　　(4) 杂志
(5) 画报　　　(6) 书　　　　(7) 工人　　　(8) 练习本
(9) 柜子　　　(10)弟弟　　　(11)椅子　　　(12)馒头
(13)青年　　　(14)大夫　　　(15)朋友　　　(16)词典

第 九 课

一、听韵母。第一遍听，第二遍、第三遍跟读：

(1) ü üe üɑn ün iɑo

(2) ɑ o e i u ü

(3)
{ i / u / ü }　{ iɑn / uɑn / üɑn }　{ uɑn / üe }　{ iɑn / iɑng / iɑo }

二、听声母。第一遍听，第二遍、第三遍跟读：

{ z / c }　{ zh / ch }　{ s / sh }　{ sh / r }　{ l / r }　{ n / r }　{ l / zh }

{ q / ch }　{ x / sh }　{ h / f }　{ f / w }

三、听音节。第一遍听，第二遍、第三遍跟读：

{ n / l } u　{ n / l } ue　{ j / q / x } u　{ j / q / x } ue　{ j / q / x } uɑn

{ j / q / x } un　{ j / q / x } iɑo

四、听声调。第一遍听，第二遍、第三遍跟读：

(1) qiānxū   yuānbó   yuēqǐng   jūnduì   yuānwang
    yuányīn   xuéxí   xúnzhǎo   juésè   qúnzi
    xǔduō   lǚxíng   liǎojiě   qiǎnlù   jiǎozi
    jùshuō   rìyuán   jùběn   jiàoyù   yuèbǐng

(2) quánlìyǐfù   liúxuéshēng   yuánzhūbǐ
    yǔfǎshū   yuèlǎnshì   shòuhuòyuán
    yuèláiyuèchà   yòu'éryuán   yīnyuè xuéyuàn
    Běijīng Yǔyán Xuéyuàn   Guójì Jùlèbù

五、听后填上声母：

chūfā   zuòzhǔ   quēxiàn   lǚyóu   zhīchí

zuòyè   zhuōyuè   cùshǐ   céngjīng   juéxīn

六、听后填上韵母：

juédìng   qūbié .   xuǎnzé   shàngxún

nǚ'ér   jiàoshì   xuānchuán   miǎománg

七、划出你听到的词语：

qūtǐ	xuéyuàn	lüèduó(✓)
jùtǐ (✓)	juéyuán(✓)	nüèdài

liúxuě	xuǎnzé	yīyuàn(✓)
liùjuàn(✓)	juézé(✓)	yǔyán

cǎisè	xuānbù(✓)	
cāicè(✓)	shuānzhù	

八、听后选择正确答案：

(1) 情景：三个人在楼前相遇，谈谈去看什么。

A：李大年、刘天华，你们去哪儿？

B：我去首都剧场看京剧。

C：我去首都电影院看电影。你呢？

A：我不去看京剧，也不去看电影。我去看球赛。

B：哪儿有球赛？

A：首都体育馆。

B：好，我也去看球赛。

C：我也去。

问：他们去看什么？

　　a. 电影　　b. 京剧　　c. 球赛〇

(2) 情景：阿里和朋友谈看什么节目。

A：阿里，你知道吗？电影院有杂技。

B：哪儿有杂技？

A：电影院。

B：不对，不是电影院，是体育馆。

A：你去不去？

B：不去，我看电视，电视是京剧。

A：好，我也看京剧。

问：他们看什么？

　　a. 电影　　b. 电视　　c. 杂技〔三个答案都不对〕

(3) 情景：一个人询问北京音乐厅在哪儿。

A：同志，请问这儿是不是音乐厅？

B：不，这儿不是音乐厅，是电影院。

A：我去北京音乐厅听音乐。你知道北京音乐厅吗？

B：知道，在那儿。

A：谢谢你。

B：不谢。

问：他去哪儿？

　　a. 电影院　　b. 音乐厅○

九、听录音，口头回答问题：

(1) 你去哪儿？

(2) 他去哪儿？

(3) 你去不去北京饭店？

(4) 他回不回学校？

(5) 你看不看杂技？

(6) 李大年去不去体育场？

(7) 阿里看不看京剧？

(8) 你想不想看电影？

(9) 刘天华去不去听音乐会？

(10) 这儿是不是首都体育馆？

第 十 课

一、听韵母。第一遍听，第二遍、第三遍跟读：

(1) a ai ao an ang

(2) e er ei en eng

(3) i ia iao ie iu ian in iang ing iong

(4) u ua uo ui uan un uang

(5) ü üe üan ün

二、听音节。第一遍听，第二遍、第三遍跟读：

{ dun / zun / zhun / sun / run / gun
{ tun / cun / chun / shun / lun / kun

{ jun / jiong
{ qun / qiong
{ xun / xiong

三、听声调。第一遍听，第二遍、第三遍跟读：

(1) yī   yígòng   yípiàn   yìbān   yìbiān   yìtóng
    yìhuí   yìqǐ   yìliǎng

(2) bù   bù'ān   bù chī   bùrú   bù yíyàng
    bùguǎn   bù lěng   bù zěnmeyàng   búcuò
    búdàn   chàbuduō

(3) sǔnshī   zǎocāo   zǔguó   lǚxíng   shǒubiǎo
    fǔdǎo   jiǒngkùn   zhǔnbèi   jiějie   zǎoshang

(4) gāngbǐ   hēibǎn   niúnǎi   píjiǔ   yǔfǎ
    shuǐguǒ   kùnjiǒng   wòshǒu

(5) Zhǎnlǎnguǎnlǐ yǒu hǎo jǐbǎizhǒng zhǎnlǎnpǐn.

四、学说绕口令：

一个小孩子，	Yíge xiǎoháizi,
拿双新鞋子，	Ná shuāng xīn xiézi,
看见大茄子，	Kànjiàn dà qiézi,
放下新鞋子，	Fàngxia xīn xiézi,
去拾大茄子，	Qù shí dà qiézi,
忘了新鞋子。	Wàngle xīn xiézi.

五、划出你听到的词语：

- { jīchǎng / jùchǎng(✓) }
- { jūnqū(✓) / juānqū }
- { jūnrén / qióngrén(✓) }

- { jīnyú / jīngyú(✓) }
- { qūxiàn / qīxiàn(✓) }
- { chūnfēng(✓) / chōngfēng }

- { chéngqīng / céngjīng(✓) }
- { píqiú / píjiǔ(✓) }
- { shǐjuàn(✓) / shǐjiàn }

- { yīngxíóng(✓) / yīngyǒng }

六、划出你听到的词语：

- { 十一 / 十七 }
- { 七楼 / 一楼 }
- { 十楼 / 四楼 }
- { 十六 / 十楼 }
- { 311 / 331 }
- { 5030 / 5300 }
- { 6060 / 6006 }

164

七、听后选择正确答案:

(1) 情景:学生和老师互问住址。

生词:晚上 wǎnshang evening

A:张老师,您住几楼?

B:十七楼。

A:十一楼?

B:不是十一楼,是十七楼。你住哪儿?

A:我住六楼三〇九房间,

B:好,晚上我去看你。再见。

A:再见。

问:张老师住几楼?

　　a. 十一楼　　　b. 十七楼〇　　　c. 六楼

(2) 情景:贾红春接到了李大年的电话。

生词:很 hěn evry

A:喂,我是贾红春。你是谁?

B:我是李大年。我在琼楼饭店。

A:啊,你好,大年。晚上我想去看你。你住多少号房间?

B:我住1204。

A:电话号码是多少?

B:也是1204。你住九楼吗?

A:不,我还住六楼。刘天华住九楼。

B:刘天华?他好吗?

A:他很好。晚上我们去饭店看你。

B:好,晚上再见。

A:再见。

问:谁住九楼?

　　a. 贾红春　　　b. 李大年　　　c. 刘天华〇

165

八、听录音，口头回答问题：

(1) 你住几楼？多少号房间？

(2) 阿里住几楼？

(3) 九楼的电话号码是多少？

(4) 你们学校的电话号码是多少？

(5) 你还住八楼吗？

(6) 晚上你还去食堂吗？

(7) 晚上你还看电视吗？

(8) 你的房间是多少号？

(9) 你常常在哪儿听音乐？

(10) 你们在哪儿买东西？

第十一课

一、听音节。第一遍听，第二遍跟读：

(1)
$$\left.\begin{matrix} zh \\ ch \\ sh \end{matrix}\right\} uai \qquad \left.\begin{matrix} g \\ k \\ h \end{matrix}\right\} uai \qquad \left.\begin{matrix} zh \\ ch \\ sh \end{matrix}\right\} un \qquad \left.\begin{matrix} g \\ k \\ h \end{matrix}\right\} un$$

$$\left.\begin{matrix} j \\ q \\ x \end{matrix}\right\} un \qquad \left.\begin{matrix} j \\ q \\ x \end{matrix}\right\} iong$$

(2)
$$g \left\{\begin{matrix} ua \\ uai \end{matrix}\right. \qquad zh \left\{\begin{matrix} ua \\ uai \end{matrix}\right. \qquad t \left\{\begin{matrix} ao \\ ou \end{matrix}\right. \qquad n \left\{\begin{matrix} iao \\ uo \end{matrix}\right.$$

$$ch \left\{\begin{matrix} uan \\ uang \end{matrix}\right. \qquad g \left\{\begin{matrix} e \\ uo \end{matrix}\right.$$

二、听声调。第一遍听，第二遍跟读：

(1) yīfu   xiāoxi   pútao   mántou   dǒngle
    yǐzi   mùtou   bànfǎ   chàbuduō   bú kèqi
    guàibude

(2) zhuānxīn   jiāotōng   guójiā   lóutī   zǎocān
    hǎijūn   kuàichē   chènyī

(3) yāoqiú   guānhuái   tóngxué   lánqiú   zǒuláng
    chuǎimó   rèqíng   nèiróng

(4) pīngpāngqiú   shōuyīnjī   kēxuéyuàn

     túshūguǎn   Yíhéyuán   yóuyǒngchí

     yǔmáoqiú   zhǎnlǎnguǎn   bàngōnglóu

     dàshǐguǎn   yuèlǎnshì   zìxíngchē

     yǒuhǎo fǎngwèn   rèliè huānyíng

     tǐyù bǐsài   cānjiā yànhuì

三、划出你听到的音节：

(1) zhuai(✓)   zhuan   (2) mao   miao(✓)

    chuai   chuan(✓)   dao(✓)   diao

    shuai   shuan(✓)   nao   niao(✓)

    guai(✓)   guan   lao(✓)   liao

    kuai(✓)   kuan   tao(✓)   tiao

    huai   huan(✓)   pao   piao(✓)

四、听后填上声母：

(1) kuàizi   (2) qíguài   (3) huīsè   (4) guìzi

(5) tòngkuài   (6) shuāidǎ   (7) huáiniàn   (8) suīrán

(9) shuàilǐng   (10) chuǎicè   (11) guāfēng   (12) kuàtái

五、听后标出调号：

(1) Chī xīcān zuò zuǒcè.

    Chī zhōngcān zuò yòucè.

    Tā zuò zuǒcè chī xīcān.

    Wǒ chī zhōngcan zuò yòucè.

(2) Tā yǒu shízhāng chuáng.

Nǐ yǒu shízhāng chuáng.

Wǒmen dàjiā quán yǒu shízhāng chuáng.

六、听后填空:

(1) 这是美国电影,不是英国电影。

　　这是——————————电影。

(2) 他听德国音乐,不听日本音乐。

　　他听＿＿＿＿＿＿＿＿＿音乐。

(3) 这不是美国银行,也不是西班牙银行,是法国银行。

　　这是＿＿＿＿＿＿＿＿＿银行。

(4) A:你看什么画报?

　　B:有法文画报吗?

　　A:有,给你。

　　　　他看＿＿＿＿＿＿画报。

七、听后选择正确答案:

(1) 情景:三个人在路上相遇。

　　生词:和 hé and

　　A:你们好!

　　B:你好,贾红春。这是我的朋友——夏子。

　　A:你好! 我姓贾,叫贾红春。

　　C:你好! 我是日本学生,叫夏子。

　　A:你们去哪儿?

　　B:我和夏子去看电影。

　　A:什么电影?

　　B:中国电影,电影的名字是《我的朋友们》。你去不去看?

　　A:不去。我和刘天华去看杂技。再见!

ＢＣ：再见！

问：①电影的名字是什么？

　　a.《我们的朋友》 b.《我的朋友们》〇 c.《我的朋友》

②贾红春去看什么？

　　a. 电影　　b. 杂技〇

(2) 情景：A 在路上问书店在哪儿。

　Ａ：同志，请问这个学校有书店吗？

　Ｂ：什么？商店？有，在十一楼。

　Ａ：不是商店，是书店，我想买书。

　Ｂ：书店也有。

　Ａ：在哪儿？

　Ｂ：在一号楼。

　Ａ：谢谢您。

　Ｂ：不客气。

问：①Ａ 想上哪儿？

　　a. 商店　　b. 书店〇

②书店在几号楼？

　　a. 十一号楼　　b. 一号楼〇

八、听后回答问题：

情景：一个学生去张老师家。

　Ａ：(敲门)张老师住这儿吗？

　Ｂ：(开门)住这儿，我爸爸不在。

　Ａ：我叫阿里，是美国学生。

　Ｂ：您请进，请坐。

　Ａ：你叫什么名字？

　Ｂ：我叫张华。您请喝茶。您吃糖吧。

　Ａ：谢谢。

（张老师回来了。）

　　A：张老师，您好！

　　C：啊，是阿里，你好！请坐，请坐，不要客气。

问：(1) 阿里是哪国人？

　　(2) 张华是谁？

九、听录音，口头回答问题：

(1) 你是学生吗？

(2) 你是英国学生吗？

(3) 你的朋友是不是学生？

(4) 您贵姓？

(5) 你同屋叫什么名字？你们住几楼？

(6) 你的同屋是不是德国学生？

(7) 你吃不吃糖？

(8) 你喝不喝茶？

(9) 夏子是哪国学生？她住几号房间？

(10) 你们学校有多少学生？

第 十 二 课

一、听音节，边听边说：

(1) $\left.\begin{array}{l}b\\p\end{array}\right\}a$ $\left.\begin{array}{l}d\\t\end{array}\right\}a$ $\left.\begin{array}{l}z\\c\\s\end{array}\right\}a$ $\left.\begin{array}{l}d\\t\end{array}\right\}e$ $\left.\begin{array}{l}d\\t\end{array}\right\}le$

$\left.\begin{array}{l}j\\q\\x\end{array}\right\}le$ $\left.\begin{array}{l}g\\k\\h\end{array}\right\}u$ $\left.\begin{array}{l}j\\q\\x\end{array}\right\}un$ $\left.\begin{array}{l}j\\q\\x\end{array}\right\}long$

(2) $p\left\{\begin{array}{l}an\\ang\end{array}\right.$ $q\left\{\begin{array}{l}lan\\lang\end{array}\right.$ $sh\left\{\begin{array}{l}uan\\uang\end{array}\right.$ $f\left\{\begin{array}{l}u\\ou\end{array}\right.$ $d\left\{\begin{array}{l}lu\\lao\end{array}\right.$

$r\left\{\begin{array}{l}en\\eng\end{array}\right.$ $l\left\{\begin{array}{l}ln\\lng\end{array}\right.$ $r\left\{\begin{array}{l}ou\\ong\end{array}\right.$ $j\left\{\begin{array}{l}le\\ue\end{array}\right.$ $x\left\{\begin{array}{l}le\\ue\end{array}\right.$

二、听声调，边听边说：

(1) értóng   érzi   nǚér   ěrduo   ěrjī   èrbǎi

(2) quānr   wánr   yǎnr   huàr   yìdiǎnr
    yíxiàr   yíhuìr   xiǎoháir   shǒujuànr   míngxìnpiànr

(3) guǎngbō   yǎnchū   kǎchē   yǔyī   yǐjīng
    yǎnyuán   yǒumíng   lǚxíng   zǒngjié   lǐtáng
    zǒnglǐ   liǎojiě   yǔfǎ   yǒuhǎo   guǎngchǎng
    bǐsài   gǎnxiè   fǎngwèn   kǎoshì   fǒudìng
    xǐhuan   nuǎnhuo   sǎngzi   yǎnjing   zěnme

(4) jì shēngcí   xiě Hànzì   tīng lùyīn   zuò liànxí

dǎ diànhuà   kàn diànshì   **chuān yīfu**

xūxīn xuéxí   zhuānxīnzhìzhì   zhùyì fāyīn

guāngmíngzhèngdà   jiāqiáng yǒuyì   shíshìqiúshì

三、听后填上韵母：

máfan   xièjué   qúnzhòng   shāngāng

huālánr   shuǎngkuài   kěndìng   rénmín

kāichuàng   jūnfú   còuqiǎo   értóng

四、听后填上声母：

kèfú   zǎocāo   tiětǎ   kuānguǎng   jiěshì

quēxí   suǒyǐ   bǎoguì   xiǎosūdá

sīzhīpǐn   xuězhōngsòngtàn   shuāngguǎnqíxià

五、听后标出调号：

huǒchē   niúnǎi   yǒuyì   yǐqián   píngguǒ

gōngchǎng   huǒchái   mínzhǔ   zhěntou   zhèngfǔ

qiānbǐhér   fēijīchǎng

六、听后判别正误：

(1) 他会英语、法语。他不会汉语，会一点儿西班牙语。
    他的西班牙语很好。(×)

(2) 他不会英语，会说一点儿阿拉伯语。他学习法语。
    他会一点儿阿拉伯语。(√)

(3) 他们会一点儿德语、汉语。他们不会法语、西班牙语。
    他们学习西班牙语。

他们不会汉语（×）

(4) 我可以说日语，我不会阿拉伯语。

他会说日语。（√）

七、听后选择正确答案：

(1) 情景：一个日本人和一个阿拉伯人谈话。

A：你是哪国人？

B：我是阿拉伯人，叫阿里。你是中国人吗？

A：不是，我是日本人，叫典子。你会说日语吗？

B：不会。你会说阿拉伯语？

A：也不会。太好了，我们可以常常说汉语。

问：①典子是哪国人？

　　a. 中国人　b. 日本人○　c. 阿拉伯人

②他们可以常常说什么语？

　　a. 日语　b. 阿拉伯语　c. 汉语○

(2) 情景：中国学生李大年和法国学生约翰谈话。

生词：和 hé and

A：你是新同学吗？

B：是，我叫约翰，是法国留学生。你也是北京大学的学生吗？

A：是，我叫李大年，在北大学习中文。你学习什么？

B：我也学习中文。你会说法语不会？

A：不会。我会说英语，还会说一点儿西班牙语。

B：我可以去你的房间看你吗？

A：可以。我住十七楼，去我房间喝茶好吗？

B：太好了。

问：①约翰和李大年都是北京大学的学生吗？

　　a. 是○　　b. 不是

②李大年会说什么语？

   a. 法语　　b. 英语○

③他们去谁的房间喝茶？

   a. 约翰　　b. 李大年○

八、听录音，口头回答问题：

（1）你会英语吗？

（2）约翰会说阿拉伯语吗？

（3）你同屋会说西班牙语吗？

（4）你会说什么语？

（5）你是哪国人？

（6）你朋友可以说法语吗？

（7）你是北京大学的学生吗？

（8）你的同学是日本人吗？

（9）你在哪个大学学习？

（10）你学习什么？

（11）在中国你有新朋友吗？

第 十 三 课

一、听音节，边听边说（注意词重音）：

yīshēng　　lǎoshī　　gōngrén　　sùshè　　shāngdiàn

yínháng　　huàbào　　zhīdào　　kěyǐ　　liànxí

liànxí

dōngbiānr　　xībiānr　　nánbiānr　　běibiānr

jīntiān　　míngtiān　　zuótiān

二、听声调，边听边说：

(1)　gānjìng　　xiānsheng　　yìsi　　dōngxi　　shūshu

tóufa　　bízi　　késou　　shéide　　guàntou

wǎnshang　　fùqin　　sǎngzi　　tàiyang　　yuèliang

(2)　gāngbǐ　　xǐliǎnyǐ　　shēntǐ　　hēibǎn

píjiǔ　　quántǐ　　yóulǎn　　niúnǎi

shuǐguǒ　　xǐzǎo　　shǒubiǎo　　fǔdǎo

dàshǐ　　wòshǒu　　shàngwǔ　　xiàwǔ

(3)　kōngqì　　jīdàn　　shēngdiào　　xūyào

pínglùn　　xuélì　　hánjià　　yúkuài

yǒuyì　　jiǎngzuò　　cǎisè　　zǎofàn

zàijiàn　　Hànzì　　shìyàn　　zhèngzài

(4) 学说绕口令：

十是十，四是四。十四是十四，四十是四十。

十四不是四十，四十也不是十四。

176

三、划出你听到的音节：

jian	juan(✓)	cuan(✓)	quan
qian(✓)	quan	shuan	xuan(✓)
xian	xuan(✓)	guan	guang(✓)
juan	quan(✓)	kuan(✓)	kuang
zuan(✓)	juan	huan	huang(✓)

四、听后填上韵母：

jiǎnzhuāng   zuānyán   juānkuǎn   qiánfāng

cuànquán   huángjiàng   xiànguān   huànsuàn

xuānchuán   chuāngjiàn   jìnkuàng   guāngxiàn

五、听后把词语分成两组：

      ˊ + ˋ   ˇ + ˋ

(2) yángròu   (1) yǐhòu

(3) yánsè   (4) bǐsài

(6) nénggòu   (5) lǐngxiù

(9) táishàn   (7) hǎoshì

(10)shíyàn   (8) jǔbàn

六、听后标出调号：

jìnlái   měilì   qiúchǎng   zuānyán

qiángzhuàng nǚ'ér   qǐngjià   tàijíquán

七、听后标图：

(1) A：劳驾，邮局在哪儿？

    B：在小卖部旁边儿。

    A：小卖部旁边儿有邮局吗？

B：有，我知道，在小卖部东边儿。

A：谢谢你。

B：没什么。

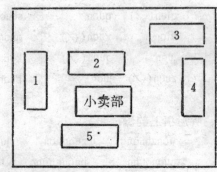

问：邮局在几号楼？

(2) A：劳驾，请问国际俱乐部在哪儿？

    B：在友谊商店北边儿。

    A：我也不知道友谊商店在哪儿。

    B：北京饭店呢？

    A：北京饭店我知道。

    B：友谊商店在北京饭店的东边儿。国际俱乐部在友谊商店的北边儿。

    A：我知道了，谢谢。

    B：没什么。

问：国际俱乐部在哪儿？

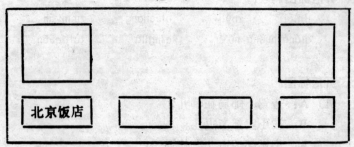

(3) A：同志，请问四楼在哪儿？

B：你知道八楼吗？

A：知道。

B：八楼西边是五楼，四楼在五楼的北边儿。

A：谢谢。

B：不客气。

问：四楼在哪儿？

北 ↑

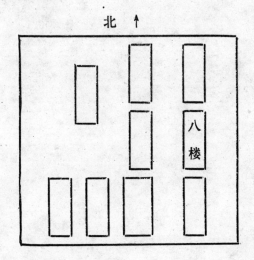

八、听录音，口头回答问题：

(1) 你前边儿是谁？

(2) 你旁边儿是谁？

(3) 你后边儿是谁？

(4) 你左边儿是谁？

(5) 你右边儿是谁？

(6) 谁在你东边儿？

(7) 谁在你西边儿？

179

（8）谁在你北边儿？
（9）谁坐你南边儿？
（10）请问，外交公寓在哪儿？

第十四课

一、听音节，边听边说：

(1)
| zhīdào | chūxī | shēnzhǎn | Zhōngwén |
| chídào | zhǔxī | shēngchǎn | chōngfèn |

| zhīshi | zhìdù | shēngzhǎng | zhèngquè |
| jīqì | jǐshù | tīngjiǎng | jīngquè |

| chīfàn | chuānyī | chōuyān | chūntiān |
| qīxiàn | quántǐ | qiūtiān | qúnzhòng |

(2) (注意下面的词重音)

dǎrǎo	piányi	háishi	jǐnlàn
wàibianr	yánsè	yǐjīng	gōngzuò
gōngzuò	jiàoshòu	qìchē	qǐchuáng

二、听声调，边听边说：

(1)
| lánqiú | értóng | yóuyú | liánhé |
| lǎnchóng | ěrchuí | yǒumíng | liǎnpén |

| jīchē | qīngchūn | Fēizhōu | huāngzhāng |
| jǐzhōng | qíngtiān | féiròu | huángjīn |

(2) quántǐ cānjiā   rèqíng fúwù

     rìxīn yuèyì   fúzhuāng zhǎnlǎn

     sècǎixuànlì   chīxīnwàngxiǎng

(3) 听教师读下面的谚语，然后边听边说：

①至亲不如好友。　　　　Zhǐqīn bùrú hǎo yǒu；

②在你遇到困难的时候，　Zài nǐ yùdào kùnnan de

　帮助你的人才是真正的　shíhour, bāngzhù nǐ de

　朋友。　　　　　　　　rén cái shì zhēnzhēngde

　　　　　　　　　　　　péngyou；

三、划出你听到的音节：

(1) qi(✓)	chi	(2) qi	shi(✓)
qiao	chao(✓)	qiao(✓)	shao
qiu(✓)	chou	qiu	shou(✓)
qin	chen(✓)	qing	sheng(✓)
qing(✓)	cheng	qie(✓)	shei
qian	chan(✓)	qian(✓)	shan
qiong(✓)	chong	quan	shuan(✓)

四、听后填上声母：

qǐqiú　　shéi qǔ　　shēnqiǎn　　chóngjìng

qiǎoshǒu　shěngchéng　chènshān　　Qíncháo

chǒujué　quēshǎo　chǎnshēng　shòuquán

五、听后标出调号：

(1) 语言学院　　　中文系　　　哲学系

　　音乐学院　　　历史系　　　音乐系

　　体育学院　　　语言系　　　体育系

　　经济学院

(2) 等什么　　　　　　　等人

等汽车　　　　　　　去哪儿

等谁　　　　　　　去友谊宾馆

(3) 我学习中文。

你学习英文。

他可以说汉语。

他会说西班牙语。

我不会说德语，也不会说法语。

六、听后填空：

(1) 我在语言学院学习英语。我妹妹在北京大学学习哲学。

我弟弟也在北京大学学习，他学习经济。他们不在一个

系。

我弟弟和妹妹是＿＿＿＿＿＿＿＿＿的学生，我弟弟学习

＿＿＿＿＿，我妹妹学习＿＿＿＿＿。

(2) 我住四号楼，陈连和约翰也住那儿。

陈连住＿＿＿＿＿号楼。

(3) A：您等车？

B：等车。

A：您上哪儿？

B：上国际俱乐部，我在那儿工作。

A：我也去那儿。车来了，咱们上车吧。

他们去＿＿＿＿＿＿＿＿＿＿＿＿。

七、听后选择正确答案：

(1) 情景：约翰在汽车站等一个朋友。他遇见一位等车的老

教授，就随便谈了起来。

生词：和 hé and

约　翰：您等汽车？

老教授：是啊，您也等车？

约　翰：不，我等一个朋友。您在哪儿工作？

老教授：我在中国音乐学院工作。我来语言学院看一个朋友。您在语言学院工作吗？

约　翰：不，我在语言学院学习。……您看，汽车来了，您上车吧。再见。

老教授：再见。

问：①谁等汽车？

　　　a. 约翰　　　b. 老教授○　　　c. 约翰和老教授

　　②老教授在哪儿工作？

　　　a. 北京语言学院　　　b. 中国音乐学院○

(2) 情景：一个人询问郑教授的住址。

A：同志，请问郑教授住几楼？

B：郑教授？是外语系的郑教授吗？

A：对，对，您认识他？

B：认识，我也在外语系工作。他住十楼。这是十四楼，十四楼的西边是四楼，四楼的北边是十楼。

A：谢谢。

问：①B 和郑教授是哪个系的老师？

　　　a. 外语系○　　　b. 汉语系　　　c. 体育系

　　②郑教授住几楼？

　　　a. 十四楼　　　b. 十楼○　　　c. 四楼

八、听录音，口头回答问题：

(1) 你等汽车吗？

(2) 你等谁？

(3) 你在哪儿工作？

184

(4) 你在哪儿学习？

(5) 你在哪个系学习？

(6) 你学习什么？

(7) 你认识贾红春吗？

(8) 你认识郑教授吗？

(9) 明天谁来看你？

第 十 五 课

一、听音节，边听边说：

(1)　　rǒngyì　　　guāngróng　　rèqíng　　　fùráo
　　　　lǒngzhòng　hǎilǒng　　　　lètǔ　　　　fùlǎo

　　　　chābié　　　cháshuǐ　　　hùxiāng　　kǒngpà
　　　　chēlún　　　chěsuǐ　　　gùxiāng　　gǒnggù

(2)（注意下面的词的重音）

　　　jīntiān　　　zuótiān　　　míngtiān　　shàngwǔ

　　　xiàwǔ　　　biāozhǔn　　zuòwèi　　wàiguó

　　　xiūlǐ　　　niánjì　　　lǎorén　　wèishénme

二、听声调，边听边说：

(1)　　miànbāo　　chènyī　　　qìchē
　　　　měitiān　　　chěngxiōng　qǐfā

　　　　wèntí　　　lùchá　　　yùyán
　　　　wěnhé　　　lǚxíng　　yǔyán

　　　　yòuyì　　　càidiàn　　qǐngzhù
　　　　yǒuyì　　　cǎidiàn　　qǐng zuò

　　　　mèimei　　dìdi　　　guìzi
　　　　mǔqīn　　　jiějie　　guǐzi

186

(2) niánqīngrén   níhóngdēng   hángkōngxìn

pīngpāngqiú   quánlìyǐfù   yīxuéyuàn

lěngyǐndiàn   fúwùyuán   mǎmǎhūhū

hùxiāng fǎngwèn   yǒuhǎo wǎnglái

zhùyì fāyīn   duōduō guānzhào

(3) 听教师读下面的古诗，然后边听边说：

静夜思   Jìng Yè Sī

床前明月光，   Chuángqián míng yuè guāng,

疑是地上霜。   Yí shì dìshàng shuāng.

举头望明月，   Jǔ tóu wàng míngyuè,

低头思故乡。   Dī tóu sī gùxiāng.

三、划出你听到的音节：

(1) nián   niáng(✓)   (2) chēn(✓)   zhēn

liǎn(✓)   liǎng   chái   zhái(✓)

jiān   jiāng(✓)   cǎi(✓)   zǎi

qián   qiáng(✓)   shǎng(✓)   xiǎng

xiàn(✓)   xiàng   róng(✓)   lóng

yǎn   yǎng(✓)   qiǎo(✓)   jiǎo

四、听后填上韵母：

niánqīng   niàngzào   liánhuān   jiǎngjīn

dòngliáng·   qínjiǎn   miǎnqiǎng   huànxiǎng

五、听后标出调号：

mǎnyì   qīngsōng   hūrán   sànbù

shíhou   bìyè   shàngyuè   lǎorén

Míngnián   wǒ   qù Guǎngzhōu   xuéxí   yīxué.

六、听后填空：

(1) 情景：两个人谈论去长城的事。

A：郑大年，明天是星期日，我们去长城。你去不去？

B：我的一个朋友昨天来北京了。她住在北京饭店。明天我去看她。咱们下星期日去，可以吗？

A：也可以。

B：谢谢你们。

填空：

郑大年这个星期日去 _____，下个星期日去 _____。

(2) 情景：两个人谈买词典的问题。

A：贾红春，你桌子上的新书我可以看看吗？

B：可以，那是一本新词典，汉语词典。

A：哪个书店有？

B：我们学校的书店有。

A：是吗？我不知道，在哪儿？那儿有英语词典吗？

B：在这个楼127号房间。你可以去那儿看看。

填空：

他们学校的书店在 _____ 号房间，那儿有 _____ 词典。

(3) 情景：明天是一个学生的生日，他想请同学们去宿舍玩。

生词：生日 shēngrì birthday

A：同学们，朋友们，明天是我的生日，……

B：你的生日？

A：9月28号是我的生日。我想请你们去我的房间喝茶。

(众)：好！(大家鼓掌，以示祝贺) 生日好！

A：谢谢，谢谢！

填空：

188

今天是____月____号。____号是一个学生的生日。他请
同学们_____。

七、听录音，口头回答问题

(1) 今天几号了？

(2) 今天几月几号了？

(3) 今天星期几？

(4) 明天几号？

(5) 昨天几号？

(6) 昨天星期几？

(7) 一个星期有几天？

(8) 星期日你去看球赛吗？

(9) 星期日他去看球赛吗？你呢？

(10) 星期日你学习吗？

(11) 星期六你们工作吗？

第 十 六 课

一、语音练习：

(1) 边听边说：

{ zhūzı / zūzı }　　{ jízı / júzı }　　{ zhǐbāo / jǐbāo }　　{ wǔdǎo / fǔdǎo }

{ jiǎndān / biǎndān }　　{ bàogào / bāokuò }　　{ liúxué / liúxiě }　　{ chūnfēng / chōngfēng }

(2) 划出你听到的词语：

{ zhǐbāo / jǐbāo(√) }　　{ júzı(√) / jízı }　　{ zūzı / zhūzı(√) }

{ wǔdǎo / fǔdǎo(√) }　　{ liú xiě(√) / liúxué }　　{ chūnfēng(√) / chōngfēng }

{ bàogào(√) / bāokuò }　　{ jiǎndān(√) / biǎndān }

(3) 听后给下面的谚语注音：

路遥知马力，　Lù yáo zhī mǎ lì,

日久见人心。　Rì jiǔ jiàn rénxīn;

二、词重音练习：

听后标出词重音：

上月　下月　去年　今年　昨天　明天　中学　大学

190

学院　外语　劳驾　邮局　旁边儿　工作　教授　汽车

三、听后选择正确答案：

(1) 今天四月五号。我们下月去长城。

　　问：他们几月去长城？

　　　　a. 四月　　b. 五月○

(2) 他们今年去英国，明年去法国。

　　问：他们什么时候去法国？

　　　　a. 今年　　b. 明年○

(3) 今天九月十一号，我们去故宫，明天去颐和园。

　　问：他们什么时候去颐和园？

　　　　a. 九月十一号　　b. 九月十二号○

(4) 我1981年上大学，在大学学习五年。

　　问：他什么时候大学毕业？

　　　　a. 1981年　　b. 1986年○

(5) 我1958年小学毕业，1964年中学毕业，1968年大学毕业。

　　问：他在中学学习几年？

　　　　a. 五年　　b. 六年○　　c. 七年

(6) 高开是中国学生，他1984年去德国一个大学学习。他在那儿学习四年。

　　问：高开哪年毕业？

　　　　a. 1984年　　b. 1986年　　c. 1988年○

(7) 今年夏子在北京语言学院学习汉语，明年九月去北京大学。她要学习经济。

　　问：夏子要在北京大学哪个系学习？

　　　　a. 中文系　　b. 经济系○

(8) A：咱们四月去长城，五月去故宫，下月呢？

　　B：六月咱们去颐和园，好吗？

A：可以。

问：现在是几月？

    a. 四月　　b. 五月〇　　c. 六月

(9) A：阿里，你在中国学习几年？

  B：在语言学院学习一年汉语，明年去北京大学学习哲学。我在北京大学要学习四年。

  问：他在中国学习几年？

    a. 一年　　b. 四年　　c. 五年〇

(10) 生词：和 hé and

  A：我们明天去香山，你去不去？

  B：我这个星期日不去。下星期我妈妈来北京，我和她一块儿去。

  问：她和妈妈什么时候去香山？

    a. 明天　　b. 这个星期日　　c. 下星期〇

四、听录音，口头回答问题：

(1) 今天几号了？

(2) 今天星期几了？

(3) 昨天你上哪儿了？

(4) 明天你去故宫吗？

(5) 昨天你去香山了吗？

(6) 今天你去颐和园不去？

(7) 你明年去哪儿学习？

(8) 你哪年中学毕业？

(9) 你哪年大学毕业？

(10) 你什么时候回国？

第 十 七 课

一、语音练习:

(1) 边听边说:

xīfú	yǔyán	liànxí	érqiě
qūfú	yīyán	liángxī	èrjiě

xīwàng	gòngxiàn	jícù	cǎisè
shīwàng	kōngqián	jǐzhù	cāicè

(2) 划出你听到的词语:

yǔyán(✓)	liànxí(✓)	xīwàng
yīyán	liángxī	shīwàng(✓)

xīfú(✓)	jícù	cǎisè
qūfú	jǐzhù(✓)	cāicè(✓)

érqiě	gòngxiàn(✓)
èrjiě(✓)	kōngqián

(3) 听后给下面的谚语注音:

边学边问,才有学问。Biān xué biān wèn, cái yǒu
xuéwen.

不懂装懂,永是饭桶。Bù dǒng zhuāng dǒng, yǒng shì
fàntǒng.

二、词重音练习:

听后标出词重音:

现<u>在</u>　　起<u>床</u>　　早<u>饭</u>　　午<u>饭</u>　　晚<u>饭</u>　　上<u>课</u>

下<u>课</u>　　睡<u>觉</u>　　劳<u>驾</u>　　学<u>院</u>　　小<u>学</u>　　小卖<u>部</u>

三、句重音练习：

(1) 边听边说：

① 现在<u>四月</u>。

② 现在<u>十一月</u>。

③ 今天十月<u>十号</u>。

④ 今天十一月<u>十五号</u>。

⑤ 现在<u>八点半</u>。

⑥ 现在<u>十二点一刻</u>了。

⑦ 现在<u>差一刻七点</u>。

(2) 听我问，你标出答句的重音：

① 现在<u>几点</u>了？　　现在<u>十点</u>了。

② 现在<u>几月</u>了？　　现在<u>九月</u>了。

③ 今天<u>几号</u>？　　今天<u>二十八号</u>。

④ 今天<u>星期几</u>？　　今天<u>星期四</u>。

⑤ 他<u>什么时候</u>去西班牙？他<u>明年</u>去西班牙。

⑥ 你<u>什么时候</u>去长城？　我<u>下星期日</u>去长城。

⑦ 你<u>什么时候</u>中学毕业？我<u>一九七七年</u>中学毕业。

四、听后选择正确答案：

(1) 生词：时间 shíjiān time

194

（听收音机）"嘟、嘟、嘟、嘟、嘟、嘟——，北京时间十二点整。

问：现在几点？

    a. 2:00   b. 10:00   c. 12:00○

(2)（听收音机）"嘟、嘟、嘟、嘟、嘟、嘟——，北京时间七点整。

问：现在几点？

    a. 7:00○   b. 1:00   c. 4:00

(3) 生词：开始 kāishǐ begin

  A：球赛几点开始？

  B：七点半。

  问：球赛几点开始？

    a. 7:00   b. 7:30○   c. 1:30

(4) A：晚上电视几点开始？

  B：六点五十五。

  问：电视几点开始？

    a. 6:55○   b. 5:50   c. 6:05

(5) A：你们下午几点上课？

  B：两点半。

  问：他们下午几点开始上课？

    a. 12:00   b. 14:30○   c. 2:00

(6) A：你早上几点起床？

  B：差一刻七点。

  问：他早上几点起床？

    a. 6:45○   b. 7:00   c. 7:15

(7) A：你早上几点钟吃早饭？

  B：我不吃早饭。我七点半起床，八点上课，没有时间吃早饭。

问：他早上几点吃早饭？
　　　a. 7:30　　b. 8:00　　c. 7:00〔三个答案都不对。〕

(8) 夏子在中文系学习汉语。她上午八点上课，十二点下课。他下午不上课，在宿舍学习。

问：夏子几点下课？
　　　a. 12:00○　　b. 2:00　　c. 8:00

(9) 今天是星期日。张正生七点三刻起床。吃了早饭他去香山了。在香山饭店他吃了午饭，就去颐和园了。下午五点半他回学校，六点去食堂。

问：张正生在哪儿吃晚饭？
　　　a. 香山　　b. 学校○　　c. 颐和园

(10) 生词：只好 zhǐhǎo　have to

A：你们吃饭了吗？

B：吃了。你上哪儿，小李？

A：现在食堂有饭没有了？

B：没有了。你去饭馆儿吧。

A：我只好去饭馆儿了。

问：小李吃饭了没有？
　　　a. 吃了　　b. 没吃○

五、听录音，口头回答问题：
(1) 现在几点？
(2) 你们几点下课？
(3) 你们几点吃午饭？
(4) 早上你几点起床？
(5) 晚上你学习吗？
(6) 晚上你几点睡觉？
(7) 你早上吃早饭不吃？

196

（8）今天下午你去图书馆吗？

（9）现在几月了？

（10）星期六晚上你看电影吗？

第 十 八 课

一、语音练习：

(1) 边听边说：

{ chūfā { chǔfá	{ tōngzhī { tóngzhì	{ chéngguǒ { chéngguō	{ chuántǒng { chuàntōng
{ dǎjià { dàjiā	{ dǎsǎo { dàsǎo	{ dàxué { dàxuě	{ gānjìng { gǎnjǐn
{ hútòng { hùtōng	{ huānyíng { huànyǐng	{ huǒchē { huòchē	{ jíshǐ { jíshí

(2) 划出你听到的词语：

{ chéngguǒ(✓) { chéngguō	{ tōngzhī { tóngzhì(✓)	{ chuántǒng(✓) { chuàntōng
{ chūfā(✓) { chǔfá	{ dàsǎo { dǎsǎo(✓)	{ gānjìng(✓) { gǎnjǐn
{ dǎjià { dàjiā(✓)	{ dàxuě { dàxué(✓)	{ huǒchē { huòchē(✓)
{ jíshǐ { jíshí(✓)	{ hútòng(✓) { hùtōng	{ huānyíng(✓) { huànyǐng

(3) 学说绕口令：

吃葡萄，不吐葡萄皮；Chī pútao, bù tǔ pútaopír;

不吃葡萄，倒吐葡萄皮。Bù chī pútao, dào tǔ pútaopír.

二、用阿拉伯数字写出你听到的钱数：

(1) 八毛四　　　　(2) 九毛三　(3) 二块七毛一

(4) 五块零六　　　(5) 三块七　(6) 二十四块三毛九

(7) 二十九块零七分　(8) 九十七块七毛一

三、语调练习：

边听边说（注意句末是升调还是降调）：

(1) Nǐ děng chē↑?　Wǒ děng chē↓.

(2) Nǐ mǎi shū↑?　Wǒ mǎi shū↓.

(3) Tā qù Běijīng↑?　Tā qù Běijīng↓.

(4) Tā shì nǐ tóngwū↑?　Duì, tā shì wǒ tóngwū↓.

(5) Nǐ yě qù kàn Jiǎ Hóngchūn↑?　Wǒ yě qù kàn Jiǎ
Hóngchūn↓.

(6) Zhè shì nǐde shōuyīnjī↑?　Bù, bú shì wǒde shōuyīnjī↓.

(7) Xiàzǐ yǒu mótuōchē↑?　Tā yǒu mótuōchē↓.

(8) Nà shì Yuēhànde fángjiān↑?　Duì, nà shì Yuēhànde
fángjiān↓.

(9) Tā xiǎng jiè zhàoxiàngjī↑?　Shì, tā xiǎng jiè
zhàoxiàngjī↓.

(10) Yìzhī qiānbǐ yìfēn↑?　Bù, yìzhī qiānbǐ qīfēn↓.

四、句重音练习：

(1) 边听边说：

① 这支笔四分。

② 那支圆珠笔五毛六。

③ 这种糖八毛八。

④ 那本书一块三毛五。

⑤ 我的词典五块四。

(2) 听我问，请你标出答句的重音：

① 这支铅笔多少钱？　这支铅笔一毛二。

② 这本杂志多少钱？　这本杂志六毛五。

③ 这张床多少钱？　这张床八十九块五。

④ 这是谁的本子？　这是阿里的本子。

⑤ 谁有汽车？　刘天华有汽车。

五、听后选择正确答案：

(1) 情景：约翰买圆珠笔。

A：您买什么？

B：我想买圆珠笔，有吗？

A：有，您看，您要哪种？

B：多少钱一支？

A：这种三毛七，那种三毛一。

B：我要三毛一的。

A：您还要别的吗？

B：不要了。

问：约翰的圆珠笔多少钱？

a. 三毛七　　b. 三毛一○

(2) 情景：阿里在商店买东西。

A：您买什么？

B：有钢笔吗？

A：有，您要哪种？有三块六的，五块八的，十一块九

200

的，二十三块七的。

B：要五块八的。

问：阿里的钢笔多少钱？

　　a. 五块八〇　　　b. 六块八

(3) 夏子在小卖部买东西。

　　A：同志，我买糖。

　　B：对不起，请等一等。……，您要哪种？有八毛一的，八毛八的，还有八毛五的。

　　A：我要八毛五的。请问，里边有多少块？

　　B：有72块。您还要别的吗？

　　A：我还想买练习本。

　　B：练习本在那边儿买。

　　A：谢谢。

　　问：她买什么了？

　　　　a. 糖　　　b. 练习本　　　c. 糖、练习本〇

六、听录音，口头回答问题：

(1) 你有几支笔？

(2) 你有什么笔？

(3) 你的圆珠笔多少钱？

(4) 你的练习本多少钱一个？

(5) 小卖部的糖多少钱一斤？

(6) 昨天你买东西了吗？

(7) 你的书多少钱一本？

(8) 你的词典多少钱？

(9) 食堂的糖包儿多少钱一个？馒头呢？

(10) 请问，学校宿舍一个月多少钱？

(11) 小卖部卖什么？

第 十 九 课

一、语音练习：

(1) 边听边说：

$\begin{cases} \text{huà huār} \\ \text{huà huàr} \end{cases}$ $\begin{cases} \text{huànxiǎng} \\ \text{huánxiāng} \end{cases}$ $\begin{cases} \text{jìnlàn} \\ \text{jǐnlán} \end{cases}$ $\begin{cases} \text{jiàoshī} \\ \text{jiàoshǐ} \end{cases}$

$\begin{cases} \text{jiěshì} \\ \text{jièshí} \end{cases}$ $\begin{cases} \text{jīngjù} \\ \text{jǐngjù} \end{cases}$ $\begin{cases} \text{kěqì} \\ \text{kèqi} \end{cases}$ $\begin{cases} \text{lǎojiā} \\ \text{láojià} \end{cases}$

$\begin{cases} \text{lǐfà} \\ \text{lǐfǎ} \end{cases}$ $\begin{cases} \text{guìzi} \\ \text{guǐzi} \end{cases}$ $\begin{cases} \text{xuéyuán} \\ \text{xuéyuàn} \end{cases}$

(2) 划出你听到的词语：

$\begin{cases} \text{jìnlàn} \\ \text{jǐnlán} (\checkmark) \end{cases}$ $\begin{cases} \text{huànxiǎng} \\ \text{huánxiāng} (\checkmark) \end{cases}$ $\begin{cases} \text{huà huār} \\ \text{huà huàr} (\checkmark) \end{cases}$

$\begin{cases} \text{jiàoshī} (\checkmark) \\ \text{jiàoshǐ} \end{cases}$ $\begin{cases} \text{jiěshì} (\checkmark) \\ \text{jièshí} \end{cases}$ $\begin{cases} \text{jīngjù} (\checkmark) \\ \text{jǐngjù} \end{cases}$

$\begin{cases} \text{kěqì} \\ \text{kèqi} (\checkmark) \end{cases}$ $\begin{cases} \text{lǐfà} (\checkmark) \\ \text{lǐfǎ} \end{cases}$ $\begin{cases} \text{lǎojiā} \\ \text{láojià} (\checkmark) \end{cases}$

$\begin{cases} \text{xuéyuán} (\checkmark) \\ \text{xuéyuàn} \end{cases}$ $\begin{cases} \text{guìzi} (\checkmark) \\ \text{guǐzi} \end{cases}$

二、语调练习：

边听边说（**注意句末是升调还是降调**）：

(1) Zhè shì shū ma↑?

(2) Wǒ qù, tā ne↑?

(3) Nín děng chē ma↑?

(4) Tā shì nǐ gēge ma↑?

(5) Nǐ qù kàn māma ma↑?

(6) Zhè shì tāde↓.

(7) Wǒ qù Xiāngshān le↓.

(8) Wǒ chī miànbāo le↓.

(9) Zhè shì wǒ gēge↓.

(10) Nàzhāng huàr shì gēgede↓.

三、句重音练习：

(1) 边听边说：

① 我要寄两封信。

② 这是书。

③ 信箱在里边儿。

④ 我买信封。

⑤ 我看电影。

⑥ 我看。

⑦ 我去音乐厅。

⑧ 我去。

⑨ 你看电影吗？ 我看电影。

⑩ 你看电影不看？ 我看电影。

⑪ 你看电影还是看电视？ 我看电视。

⑫ 你看什么电影？ 我看中文电影。

⑬ 谁看杂技？ 阿里看杂技。

⑭ 约翰去哪儿了？ 他去邮局了。

(2) 听我问，请你标出答句的重音：

①你去不去琼楼饭店？　我去琼楼饭店。

②他看什么？　他看球赛。

③您在北京大学学习什么？　我学习哲学。

④你借什么杂志？　我想借阿拉伯文杂志。

⑤你的词典多少钱买的？　我的词典三块六买的。

四、听后回答问题：

(1)情景：郭开在邮局寄信。

A：同志，寄封信。

B：寄平信，还是航空信？

A：平信。

B：邮票两毛。你还要别的吗？

A：不要了。

问：你寄什么信？

(2)情景：刘天华在邮局。

A：同志，寄两封航空信。

B：两封八毛。您还要别的吗？

A：有纪念邮票吗？

B：有，您要哪种？

A：我看看。一共有多少种？

B：七种。

A：一种买一套。

问：(1)寄一封航空信多少钱？

(2)他买了多少套纪念邮票？

(3)情景：夏子在小卖部。

A：同志，我买信封。

B：五毛二一沓儿，您要几沓儿？

204

A：一沓儿几个？

B：一沓儿十个。

A：要三沓儿。

问：她买了多少个信封？

五、听录音，口头回答问题：

(1) 你们学校有邮局吗？

(2) 在中国寄平信多少钱？

(3) 寄到北京饭店的信多少钱？

(4) 寄到日本的航空信多少钱？

(5) 寄到法国的航空信多少钱？

(6) 寄到你们国家的航空信多少钱？

(7) 你有纪念邮票吗？

(8) 昨天你寄信了吗？

(9) 我可以看看你的纪念邮票吗？

(10) 你是日本人还是中国人？

(11) 你是英国人还是德国人？

(12) 明天你去故宫还是去看杂技？

第二十课

一、语音练习:

   (1) 边听边说:

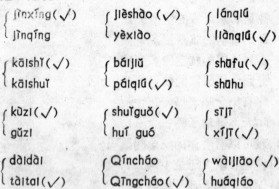

       jìnxíng(✓)   jièshào (✓)   lánqiú

       jīnqíng   yèxiào   liànqiú(✓)

       kāishǐ(✓)   báijiǔ   shūfu(✓)

       kāishuǐ   páiqiú(✓)   shūhu

       kùzi(✓)   shuǐguǒ(✓) sījī

       gǔzi   huí guó   xǐjī(✓)

       dàidài   Qíncháo   wàijiāo(✓)

       tàitai(✓)   Qīngcháo(✓) huáqiáo

   (2) 划出你听到的词语:

       (内容同上)

   (3) 听后把词语分成两组:

              ˊ + ˊ   ˇ + ˊ

     ① tóngxué   ③ tǒngchóu

     ② xuéxí   ⑤ biǎoyáng

     ④ shíyán   ⑥ zhǔrén

     ⑦ chángcháng   ⑨ lǎonián

     ⑧ yóujú   ⑩ shěnchá

     ⑪ shénqí   ⑫ měixué

（4）学说绕口令：

大哥有大锅，　　　　　Dàgē yǒu dà guō,

二哥有小锅。　　　　　Èrgē yǒu xiǎo guō.

大哥要换二哥的小锅，Dàgē yào huàn èrgēde xiǎo guō,

二哥不换大哥的大锅。Èrgē bú huàn dàgēde dà guō.

二、语调练习：

边听边说（注意句末是升调还是降调）：

（1）Zhè shì shéi↑?

（2）Duōshǎo qián↑?

（3）Nǐ shénme shíhour qǐ chuáng↑?

（4）Nǐ xiǎng qù yóujú↑?

（5）Tā huì shuō Fǎwén↑?

（6）Zhè shì Tián Dànián↓.

（7）Xiàzǐ qù yínháng↓.

（8）Gěi nǐ qián↓.

（9）Tā shì wǒde tóngxué↓.

（10）Liǎngzhī qiānbǐ liǎngmáo↓.

三、句重音练习：

听我问，请你标出答句的重音：

（1）他们有多少人民币？　　他们有二百块人民币。

（2）他有多少美元？　　　　他有十万美元。

（3）您换什么外币？　　　　我换法郎。

（4）阿里有美元还是日元？　他有美元。

（5）在哪儿换外币？　　　　在中国银行换外币。

四、数字练习：

(1)用阿拉伯数字写出你听到的钱数：

①100 块　　②1,000 块　　③10,000 块　④150 块

⑤1,500 块　⑥15,550 块　⑦2,070 块　⑧2,007 块

⑨46,751 块　⑩101 块　　⑪1,001 块　⑫100,003 块

(2)听后用汉字写出数字：

①176　　②5,003　　③20,601　　④20,020

⑤20,200　⑥22,000　⑦20,002　⑧496,717

五、听后选择正确答案：

(1)情景：约翰在银行换外币。

A：同志，我换钱。我有美元，换人民币。

B：今天牌价是一百美元换八百六十三块六毛四人民币。您
换多少？

A：我换三百五十美元。

B：请您填这张表。

A：您看，可以吗？

B：可以。

A：对了，我想问问，这儿能换马克吗？

B：能换。您的人民币是三千零二十二块七毛四，请数数。

A：对了。谢谢。

问：他换什么钱了？

　a. 美元　　　　b. 人民币○　　　　c. 马克

(2)情景：一个日本学生想换外币。

A：夏子，银行可以换外币吗？

B：中国银行可以。中国人民银行不行。

A：哪儿有中国银行？

B：我们学校有。

208

问：在哪儿可以换外币？

　　　　a. 中国人民银行　　　b. 中国银行〇

六、听录音，口头回答问题：

(1) 中国人民银行在哪儿？

(2) 你知道中国银行在哪儿吗？

(3) 你知道在哪儿换外币吗？

(4) 你们国家的钱叫什么名字？

(5) 马克是哪国钱？

(6) 法郎是哪国钱？

(7) 昨天你去中国银行了吗？上月呢？

(8) 你们国家有多少人？

(9) 请你数数你们班有多少人？

(10) 上星期你填表了吗？

第二十一课

一、语音练习：

(1) 划出你听到的词语：

$\begin{cases} \text{bànlǐ} \\ \text{bànlǚ}(\checkmark) \end{cases}$ $\begin{cases} \text{róngyì} \\ \text{róngyù}(\checkmark) \end{cases}$ $\begin{cases} \text{bù mǎi} \\ \text{bù měi}(\checkmark) \end{cases}$

$\begin{cases} \text{fēnfāng}(\checkmark) \\ \text{fēngfān} \end{cases}$ $\begin{cases} \text{bǎibù}(\checkmark) \\ \text{běibù} \end{cases}$ $\begin{cases} \text{shānkǒu}(\checkmark) \\ \text{shāngkǒu} \end{cases}$

$\begin{cases} \text{kāifēng} \\ \text{kāifàng}(\checkmark) \end{cases}$ $\begin{cases} \text{rénchēng} \\ \text{rénshēng}(\checkmark) \end{cases}$ $\begin{cases} \text{shūhu} \\ \text{shūfu}(\checkmark) \end{cases}$

$\begin{cases} \text{dìdào} \\ \text{dìdao}(\checkmark) \end{cases}$ $\begin{cases} \text{shìfei} \\ \text{shìfēi}(\checkmark) \end{cases}$ $\begin{cases} \text{mǎimai}(\checkmark) \\ \text{mǎimài} \end{cases}$

(2) 听后把词语分成四组：

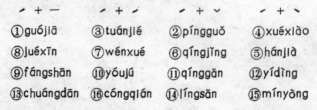

´ + ¯	´ + ´	´ + ˇ	´ + `
①guójiā	③tuánjié	②píngguǒ	④xuéxiào
⑧juéxīn	⑦wénxué	⑥qíngjǐng	⑤hánjià
⑨fángshān	⑩yóujú	⑪qínggǎn	⑫yídìng
⑬chuángdān	⑯cóngqián	⑭língsǎn	⑮mínyòng

(3) 听写（用汉语拼音写）：

①xiǎopéngyou ②lǎo tóngzhì

③sìshí jǐ gōngjīn ④Lǎo xiānsheng qīshíliù suì le.

⑤Tā qù yínháng huàn rénmínbì.

二、语调练习：

边听边说（注意句末是升调还是降调）

(1) Nà shì shénme↑?

(2) Nín duō dà niánji le↑?

(3) Hái yào biéde ma↑?

(4) Nǐmen chī mántou↑?

(5) Tā shì wǒ péngyou↓.

(6) Yìdár xìnfēng shì shíge↓.

(7) Bú yào biéde le↓.

(8) Zhè shì zánmende↓.

三、句重音练习：

(1) 边听边说：

① 这个小孩儿多大了？　　他七岁了。

② 你二十几了？　　　　　我二十三了。

③ 你弟弟几岁了？　　　　五岁多了。

④ 她哥哥真胖,有多重？　四十几公斤。

⑤ 您多大年纪了？　　　　我六十多了。

⑥ 他八十多了吧？　　　　他八十四了。

(2) 听下面的句子，说出每句的含义是什么：

① 今天他不去医务所。

② 今天他不去医务所。

③ 今天他不去医务所。

④ 今天他不去医务所。

四、听后回答问题：

(1) 情景：阿里跟王老师和他儿子王小明谈话。

A：王老师，你们好！

B：你好！小明，这是阿里叔叔，叫叔叔。

C：叔叔好！

A：你好，小明。你几岁了？

C：三岁多了。

A：三岁？你个子真高啊！有一米吧？

C：差一点儿。

问：① 小明多大了？

② 小明有一米高吗？

(2) 夏子看贾红春家的照片。

生词：照片 zhàopiàn photograph

A：我可以看看照片吗？

B：可以，你看吧。

A：这是你弟弟吧？他多大了？

B：你猜猜。

A：十二三了吧？

B：今年十一岁。

A：十一？他有多重？

B：四十多公斤。

A：是吗？真胖啊！那是你爸爸吧？他个子真高，有两米吧？

B：一米九五，他在北京体育学院工作，是老师。现在年纪大了，不工作了。

A：他是谁？

B：我叔叔，爸爸的弟弟。他个子不高，是音乐学院的老师。

问：① 她弟弟多大了？

② 她的爸爸在哪儿工作？有多高？

③ 她的叔叔高不高？在哪儿工作？

212

(3) 情景：约翰在故宫参观后找不到大门了，他问一个老人。

生词：大门 dàmén gate

A：老先生，请问故宫的大门在哪儿？我不知道大门在哪儿了。

B：别客气，我还不老呢。

A：啊，那，那您多大年纪了？

B：不大，今年差半岁八十。

A：八十还不老吗？

B：不老，我还工作呢！（笑）你找大门，是吧？大门在右边儿。

A：谢谢您了。

B：不客气。

问：① 老人今年多大年纪了？

　　② 约翰找什么？

　　③ 大门在哪边儿？

五、听录音，口头回答问题：

(1) 那个小朋友几岁了？

(2) 你猜那个老先生多大年纪了？

(3) 你的朋友个子有多高？

(4) 上星期你寄了几封信？

(5) 王兰的弟弟胖不胖？有多重？

(6) 你有几支铅笔？我借一支可以吗？

(7) 郑教授在哪儿工作？他工作多少年了？

(8) 我有几本新画报，你想看吗？

(9) 你什么时候儿毕业？

(10) 你去邮局了吗？买纪念邮票了吗？

213

第二十二课

一、语音练习：

(1) 划出你听到的词语：

jíbié	zhù xiào	qiǎohé(✓)
qūbié(✓)	zhùjiào(✓)	xiǎo hé
bùjiǔ	qiǎoshǒu	jiǎoqì(✓)
bùxiǔ(✓)	xiǎo shǒu(✓)	qiǎojì
qiūfēn(✓)	jiā yóu	jùchǎng(✓)
jiūfēn	jiāo yóu(✓)	jīchǎng
xiāoxi		
xiūxi(✓)		

(2) 听后给下面的古诗标出调号并朗读：

早发白帝城	Zǎo Fā Báidìchéng
朝辞白帝彩云间，	Zhāo cí Báidì cǎi yún jiān
千里江陵一日还。	Qiānlǐ Jiānglíng yírì huán.
两岸猿声啼不住，	Liǎng'àn yuán shēng tí bú zhú,
轻舟已过万重山。	Qīng zhōu yǐ guò wànchóng shān.

二、语调练习：

边听边说（注意句末是升调还是降调）：

214

(1) Xìnxiāng zài nǎr↑?

(2) Nǐ èrshíjǐ↑?

(3) Tā mǎile jǐzhī bǐ↑?

(4) Jīntiān xīngqījǐ↑?

(5) Xiànzài chà shífēn liùdiǎn↓.

(6) Wǒmen bù mǎi xìnzhǐ↓.

(7) Tā mǎile jǐzhī bǐ↓.

(8) Tāmen bú qù Shǒudū Jùchǎng↓,

　　qù Shǒudū Tǐyùguǎn↓.

三、句重音练习：

(1) 听我问，请你标出答句的重音：

① 这是<u>什么</u>？这是<u>床</u>。

② 他是<u>谁</u>？他是我<u>朋友</u>。

③ 这是<u>音乐厅</u>吗？这是<u>音乐厅</u>。

④ 他是你<u>哥哥</u>不是？他是我<u>哥哥</u>。

⑤ 这是<u>谁</u>的钢笔？这是<u>我</u>的钢笔。

⑥ 这是<u>谁</u>的书？这是<u>我</u>的书。

⑦ 这是<u>录音机</u>吗？这是<u>录音机</u>。

⑧ 这是<u>照相机</u>吗？这是<u>照相机</u>。

(2) 听下面的句子，说出每句的含义：

① 这是<u>我</u>的钢笔。

② <u>这</u>是我的钢笔。

③ 这是我的<u>钢笔</u>。

④ 他多<u>大</u>？

⑤ 他多<u>高</u>？

⑥ 他多<u>重</u>？

⑦ 我认识那个<u>年轻人</u>。

⑧ 我认识那个年轻人。

四、听后回答问题：

(1) 生词：和 hé and

在中国，我们一般都不问年轻女人的年龄。你可以问小女孩和老人的年龄。问小孩儿年龄，可以说"几岁"或者"多大"。问年龄大的人，可以说"多大年纪"或者"多大岁数"。问年龄大的人千万别说"几岁"，问年龄小的人也不应该说"多大岁数"。

问：①在中国，可以问年龄大的人"几岁"吗？

②在中国，问年龄小的人"多大岁数"，可以吗？

(2) 生词：高兴 gāoxìng happy

日本学生夏子在电影院问一个老人几岁了。老人不太高兴，旁边儿的一个年轻人说："中国人问老人年龄，不应该说'几岁了'，要说'多大年纪了'或者'多大岁数了'。"夏子知道自己不对，说："对不起，我是日本人，我不知道怎么问，您千万别生气。"老人笑了。夏子和旁边儿的年轻人也笑了。

问：①老人为什么生气？

②夏子为什么笑了？

(3) 情景：一个外国人向三个女同志问路。

生词：小姐 xiǎojie miss

A：小姐，请问去首都剧场怎么坐车？

B C D（三位女同志）：（笑）

A：你们笑什么？

B：我们一般不叫女同志"小姐"，叫"同志"。

A：对不起，我不知道。

C：没关系。

D：您去首都剧场，是吧？在北京饭店旁边坐汽车，首都剧场在北京饭店北边儿。

216

B：听懂了吗？

A：懂了，懂了。谢谢你们。

问：①三个女同志为什么笑？

②首都剧场在哪儿？

五、听录音，口头回答问题：

(1) 中国人怎样问小孩的年龄？

(2) 中国人怎样问年轻人的年龄？

(3) 中国人怎样问老人的年龄？

(4) 你们一般问年轻女人的年龄吗？

(5) 应该怎么问别人的年龄？

(6) 你来中国学习历史，还是哲学？

(7) 你说得不对，别人生气了，可以怎么说？

(8) 别人说"对不起"，你可以怎么说？

(9) 你毕业的时候多大？

(10)下午不上课的时候，你一般作什么？

第二十三课

一、语音练习：

    （1）划出你听到的词语：

$$\begin{cases} qīngjìng(\checkmark) \\ qīnjìn \end{cases}$$
$$\begin{cases} xiànxiàng(\checkmark) \\ xiǎngxiàng \end{cases}$$
$$\begin{cases} shìjuàn(\checkmark) \\ shìjiàn \end{cases}$$

$$\begin{cases} jīnyú(\checkmark) \\ jīngyú \end{cases}$$
$$\begin{cases} xiānghuā(\checkmark) \\ xiānhuā \end{cases}$$
$$\begin{cases} míng yuè \\ mínyuè(\checkmark) \end{cases}$$

$$\begin{cases} qūxiàng(\checkmark) \\ qīxiàn \end{cases}$$
$$\begin{cases} juānqū(\checkmark) \\ jūnqū \end{cases}$$
$$\begin{cases} jīngxīn \\ jīnxīng(\checkmark) \end{cases}$$

$$\begin{cases} pínfán \\ píngfán(\checkmark) \end{cases}$$

    （2）听后给下面的绕口令注音并朗读：

小王和小黄，	Xiǎo Wáng hé xiǎo Huáng,
一块儿画凤凰。	yíkuàir huà fènghuáng.
小王画黄凤凰，	Xiǎo Wáng huà huáng fènghuáng,
小黄画红凤凰。	Xiǎo Huáng huà hóng fènghuáng.
红凤凰、黄凤凰，	Hóng fènghuáng、huáng fènghuáng,
画成活凤凰。	huàchéng huó fènghuáng.
黄凤凰、红凤凰，	Huáng fènghuáng, hóng fènghuáng,
望着小黄和小王。	wàngzhe xiǎo Huáng hé xiǎo Wáng.

218

二、语调练习：

边听边说（注意句末是升调还是降调）：

(1) Yǒu xìnzhǐ ma↑?

(2) Zuótiān nǐ shàng nǎr le↑?

(3) Xiànzài jǐdiǎn le↑?

(4) Zhè shì tā jiějie ba↑?

(5) Xìnxiāng zài lǐbianr↓.

(6) Zhè shì tā jiějie↓.

(7) Wǒ jīnnián sìshíliù le↓.

(8) Tā mǎi liànxíběn ne↓.

三、句重音练习：

(1) 边听边划出有重读"几"的句子：

① 你们房间有几张桌子？

② 宿舍里有几个人。

③ 书架上有几本杂志。

④ 桌子上有几本书？

⑤ 他念了几课课文？

⑥ 我要写几个汉字。

⑦ 我想去看几个同学。

⑧ 你买了几支笔？

(2) 听下面的句子，说出每句的含义：

① 他在休息。

② 他在念课文。

③ 他现在写汉字呢。

④ 我们明天考试。

⑤ 你刚才作什么呢？

⑥ 他们听录音呢。

219

四、听后选择正确答案：

(1) 情景：刘英给高明打电话。

G：喂，我是北京语言学院。你是哪儿？

L：我是北京大学。你是高明吗？

G：我是高明。你是……

L：我是刘英。

G：刘英？你好！你什么时候来北京了？

L：昨天。你现在作什么呢？

G：我在复习。

L：什么？休息？

G：复习！我在念课文，写汉字，作练习，准备明天的考试。

L：是吗？我想去看你，可以吗？

G：今天晚上不行，明天吧。明天我们一块儿吃晚饭好吗？

L：好，明天见。

问：① 高明是哪个学校的学生？

　　　　a. 北京大学　　b. 北京语言学院 ○

② 刘英打电话的时候儿，高明在作什么？

　　　　a. 复习○　　b. 休息　　c. 考试

③ 明天他们一块儿作什么？

　　　　a. 考试　　b. 吃晚饭○

(2) 情景：阿里的同学和阿里谈话。

A：阿里，昨天晚上我去宿舍看你，你同屋说你去打球了。

B：是啊，晚上我一般不学习，去国际俱乐部打球，或者看电影。

A：你有这本书的录音吗？

220

B：有，你要听吗？

A：我没有这本书的课文录音，我想借你的录音听听。

B：可以，下午你去我宿舍吧。

问：① 阿里晚上一般作什么？

a. 学习　　b. 打球或者看电影○

② 他什么时候去阿里宿舍了？

a. 昨天晚上○　　b. 今天下午

③ 阿里和同学说话的时候儿是上午、下午，还是晚上？

a. 上午○　　b. 下午　　c. 晚上

④他要借什么？

a. 一本书　　b. 课文的录音○

五、听录音，口头回答问题：

(1) 你们在作什么呢？

(2) 他们在复习语法吗？

(3) 你旁边儿的同学写汉字呢吗？

(4) 谁念课文呢？

(5) 你刚才听广播了吗？

(6) 下午我们一块儿打球吧。

(7) 星期六你们休息吗？

(8) 你们什么时候儿考试？

(9) 你们听录音的时候儿，老师在作什么？

(10)你一般什么时候儿复习？

第二十四课

一、语音练习:

(1) 划出你听到的词语:

- $\begin{cases} \text{cāngcù} \\ \text{chángchù}(\checkmark) \end{cases}$ $\begin{cases} \text{zībǔ} \\ \text{zhībǔ}(\checkmark) \end{cases}$ $\begin{cases} \text{shànxīn}(\checkmark) \\ \text{sànxīn} \end{cases}$

- $\begin{cases} \text{zhīzú}(\checkmark) \\ \text{zìzhǔ} \end{cases}$ $\begin{cases} \text{zōngzhǐ}(\checkmark) \\ \text{zhōngzhǐ} \end{cases}$ $\begin{cases} \text{zīshì}(\checkmark) \\ \text{zhīshì} \end{cases}$

- $\begin{cases} \text{zhīzào} \\ \text{zhǐzhào}(\checkmark) \end{cases}$ $\begin{cases} \text{zòuyuè}(\checkmark) \\ \text{zhòuyè} \end{cases}$ $\begin{cases} \text{sīrén}(\checkmark) \\ \text{shīrén} \end{cases}$

- $\begin{cases} \text{sāncéng}(\checkmark) \\ \text{shānchéng} \end{cases}$

(2) 听后给下面的谚语注音并朗读:

① 人往高处走,
　水往低处流。　　　　Rén wàng gāochù zǒu
　　　　　　　　　　　Shuǐ wàng dīchù liú.

② 有志者自有千方百计,　Yǒuzhìzhě zì yǒu qiānfāng
　　　　　　　　　　　　bǎijì,

　无志者只感千难万难。　Wúzhìzhě zhǐ gǎn qiānnán
　　　　　　　　　　　　wànnán.

二、语调练习:

边听边说(注意句末是升调还是降调):

(1) Nǐmen xuédào dìjǐ kè ↑?

(2) Zhège xiǎoháir jīnnián jǐsuì↑?

(3) Shuí qù Yīnyuè Xuéyuàn↑?

(4) Tā shénme shíhour bìyè↑?

(5) Jì liǎngfēng xìn↓.

(6) Wǒ bú huì yòng↓.

(7) Wǒmen zài shítáng chīfàn↓.

(8) Yígòng wǔshí yīngbàng↓.

三、句重音练习：

(1) 听我问，请你标出答句的重音：

① 你看到第几课了？   看到第四课了。

② 应该看完第几页？   应该看完第八页。

③ 我念第几个生词？   你念第七个生词。

④ 你换完钱了吗？   我换完钱了。

⑤ 他没写完这些汉字吧？   他写完这些汉字了。

⑥ 她看完这本书没有？   她没看完这本书。

(2) 听下面的句子，说出每句的含义：

① 我复习完第二十课了。

② 我复习完第二十课了。

③ 我复习完第二十课了。

四、听后选择正确答案：

生词：和 hé and

(1) 约翰和阿里是同学。他们明天第三节和第四节考试。约翰已经复习完了。阿里还没有复习完，他复习到第十五课了。他在准备明天的考试。阿里有一个问题，他不懂"还"的意思。约翰告

223

诉了他"还"的意思，也告诉了他怎么用这个词。

阿里说："谢谢你，约翰。"约翰说："咱们是同学，应该互相学习，互相帮助。"

问：①他们什么时候儿考试？
　　　　a. 明天　　　　　b. 第三节和第四节
　　　　c. 明天第三节和第四节〇
②谁复习完了？
　　　　a. 阿里　　b. 约翰〇　　c. 阿里和约翰
③谁不懂"还"的意思？
　　　　a. 阿里〇　　　b. 约翰　　　c. 阿里和约翰

2) 情景：刘天华想借李大年的钢笔用用。
　　A：大年，你现在作什么呢？
　　B：听广播呢。
　　A：我想用一下儿你的钢笔。
　　B：你用吧，我作完练习了。你作完没有？
　　A：还没有呢，我做到第六页了，还有三页。
　　B：晚上咱们一块儿练习汉字怎么样？
　　A：那太好了。晚上我来你宿舍。几点？
　　B：七点半吧。

问：① 谁用谁的钢笔？
　　　　a. 刘天华用李大年的〇　　b. 李大年用刘天华的
② 他们的练习一共多少页？
　　　　a. 六页　　b. 三页　　c. 九页〇
③ 晚上他们作什么？
　　　　a. 作练习　　b. 听广播　　c. 写汉字〇

五、听录音，口头回答问题：
　　(1) 你们学到第几课了？

224

(2) 你们学完第几课了？

(3) 你们学完第二十四课没有？

(4) 这课的生词你都懂了吗？

(5) "准备"这个词的意思你懂不懂？你能告诉我这个词的意
思吗？

(6) 第二十五课在第几页？

(7) 今天下午你帮助安娜写汉字吗？

(8) 我想用你的照相机可以吗？

(9) 我们应该互相学习，互相帮助，对不对？

(10) 你昨天第四节上课了没有？

(11) 明天的课你准备没准备？

第二十五课

一、语音练习:

(1) 划出你听到的词语:

qiézi(✓)	qièshí	chuántóur(✓)
quézi	quèshí(✓)	chuángtóur

fāyán	xiēzi	huádòng
fāyuán(✓)	xuēzi(✓)	huódòng(✓)

xiǎomài(✓)	zhuānchē(✓)	páiqiú(✓)
xiǎomèi	zhuāngchē	bái qiú

yíxià
yíjià(✓)

(2) 听写(用汉语拼音写):

① Tāde fángjiān hěn gānjing.

② Yuēhàn hé Shǐmìsī zhù yíge sùshè, tāmende dōngxi dōu hěn zhěngjié.

③ Zuótiān Xiàzi mǎile liǎngjiàn xīn yīfu hé yìshuāng bùxié.

④ Tā zài fùxí yǔfǎ ne, bú qù dǎ qiú.

⑤ Wǒmen dìyījié xuéxí kèwén, dìsìjié xiě Hànzì.

(3) 朗读你写的句子。

二、语调练习：

边听边说（注意句末是升调还是降调）：

(1) Nín yě qù ma↑?

(2) Tā shì nínde mèimei ma↑?

(3) Shéi zài wàibianr↑?

(4) Něige shì nǐ dìdi ne↑?

(5) Tāde shū zài zhuōzishang、dìshang↓.

(6) Xiànzài qīdiǎn èrshíliù le↓.

(7) Xuéshēngde fángjiānlǐ dōu yǒu guìzi↓.

(8) Nàběn zázhì tā gěi bàba le↓.

三、句重音练习：

听我问，请你标出答句的重音：

(1) 你要**什么**邮票？　　　　　我要**纪念**邮票。

(2) 他买什么衣服？　　　　　他买**小孩儿**衣服。

(3) 他看几点的电影？　　　　他看**三点半**的电影。

(4) 这是谁的床？　　　　　这是**史密斯**的床。

(5) 他给谁写信？　　　　　他给**哥哥**写信。

(6) 上午你们有几节课？　　　上午我们有**四节**课。

(7) 你去买邮票，还是去换钱？　我去**换钱**。

(8) 你去打球，还是阿里去打球？　**阿里**去打球。

四、听后选择正确答案：

(1) 情景：李双双和她的同屋打扫房间。

　　　生词：打扫 dǎsǎo to clean up

　　　　　　洗 xǐ　　　 to wash

　　　A：双双，咱们的房间应该打扫了。

　　　B：是啊。

227

A：你看，桌子上、柜子上、书架上、床下都是土,咱们先打扫一下儿。

B：好。

（二人打扫屋子）

A：现在干净了吧。

B：我的枕头和被子都脏了，应该洗了。

A：我的衣服也脏了。明天是星期日，咱们一块儿洗吧。

问：① 她们刚才作什么了？

　　a. 洗衣服了　b. 房间脏了　c. 打扫房间了〇

② 星期日他们作什么？

　　a. 打扫房间　　b. 洗被子、枕头和衣服〇

生词：箱子 xiāngzi box

(2) 昨天我去王兰的房间了。她的房间很整洁。桌子上、书架上、柜子上都没有土。被子、枕头和别的东西也都很干净。在她的房间里，我没有看到鞋。她告诉我，不用的鞋都在床下的箱子里。王兰真是一个爱干净的人。

问：① 王兰的房间怎么样？

　　a. 很整洁〇　　　b. 没有土

② 王兰的房间里有没有鞋？

　　a. 有〇　　　b. 没有

五、听录音，口头回答问题：

(1) 你和谁住一个房间？

(2) 你们的宿舍楼干净不干净？

(3) 你同屋书架上的书多不多？

(4) 你房间里的东西都很整洁，是不是？

(5) 谁的衣服脏了？

228

（6）你的桌子下有土没有？

（7）你看，地上有什么？

（8）晚上睡觉，你用不用被子和枕头？

（9）你看，老师那双鞋怎么样？

（10）一双鞋有几只？

（11）你爱看电影，还是爱看球赛？

第二十六课

一、语音练习:

(1) 划出你听到的词语:

- { wàiyǔ(✓)
-   wèiyǔ }

- { huánqiú(✓)
-   huáng qiú }

- { zhuāzhù (✓)
-   zhuōzhù }

- { huáihèn(✓)
-   huǐhèn }

- { lúnzi
-   lóngzi(✓) }

- { shàng chuán (✓)
-   shàng chuáng }

- { huìyì
-   huáiyí(✓) }

- { yíduàn(✓)
-   yídùn }

- { duìzi
-   dūnzi(✓) }

- { shuǐlì(✓)
-   shùnlì }

(2) 听写(用汉语拼音写):

① Ānnà jièshàole Měiguóde yíge xuéxiào.

② Zhèjiàn yīfu shì nǐde ba, zhēn hǎokàn.

③ Zhèxiē shì shéide? Zěnme fàngzài wǒde yǐzishang le?

④ Guìli yǒu qìshuǐr hé píjiǔ, nǐ xiǎng hē shénme?

⑤ Lǐ lǎoshī huídále xuéshēngmende wèntí.

(3) 朗读你写的句子。

(4) 学说绕口令:

长虫绕着砖堆转, Chángchong ràozhe zhuānduī zhuàn,

转完砖堆钻砖堆。 Zhuànwán zhuānduī zuān zhuānduī.

二、句重音练习：

(1) 边听边说：

① 你去，还是他去？

② 那只鞋不是他的，是我的。

③ 你学习英文，还是学习法文？

④ 你用钢笔，还是铅笔？

⑤ 你喝茶，还是喝咖啡？

⑥ 我喝汽水儿，不喝啤酒。

⑦ 你会英文吗？会。

⑧ 你会英文，还是会法文？我会英文。

⑨ 同志，我买钢笔。

⑩ 我买钢笔，不买铅笔。

(2) 边听边标出下面句子的重音：

① 你上午去，还是下午去？

② 我喝牛奶，不喝咖啡。

③ 我们学习历史，他们学习哲学。

④ 那件脏衣服是史密斯的，不是我的。

三、听后选择正确答案：

(1) 约翰和安娜是同学，他们在一个班学习。一天下午，安娜去约翰的宿舍看他。

约翰的床不整洁，椅子也很脏，上边儿有很多土，还放了一只鞋。安娜问他脏椅子是谁的。他说是同屋史密斯的。

史密斯回来了。安娜认识史密斯，他知道史密斯很爱整洁。她问史密斯："这把脏椅子是你的？"史密斯笑了，安娜和约翰也笑了。

问：① 约翰和谁是同学？

     a. 史密斯   b. 安娜○   c. 约翰

② 谁的椅子很脏？

     a. 史密斯   b. 安娜   c. 约翰○

③ 谁爱整洁？

     a. 史密斯○   b. 安娜   c. 约翰

(2) 情景：安娜和刘天华从邮局出来，去冷饮店休息。

A：刘天华，我的纪念邮票怎么样？

L：很好，你的信封也很好，上边儿的画儿很好看。

A：我想休息休息，喝点什么。

L：你看，那边儿有个冷饮店。我们去喝汽水吧。

A：什么叫"冷饮店"？

L：冷饮店是卖啤酒、汽水儿、牛奶和咖啡的地方。

A：卖饭吗？

L：不卖，卖饭的地方叫饭馆儿。

问：① 安娜在邮局买什么了？

     a. 纪念邮票和信纸   b. 纪念邮票和信封○

② 冷饮店卖饭不卖？

     a. 卖   b. 不卖○

(3) 情景：今天是安娜的生日，很多人来她的房间向她表示
      祝贺。

生词：生日 shēngrì birthday

      高兴 gāoxìng glad, happy

      祝   zhù   to wish, to congratulate

      快乐 kuàilè   happy

（在音乐声和谈笑声中）

A：今天是我的生日。同学们和朋友们来我的宿舍，我

很高兴，谢谢你们。

B：祝你生日快乐！

C：祝你生日快乐！

A：谢谢，谢谢你们。这里有汽水儿和啤酒，请你们自己喝吧，都别客气。

　　（敲门声）

A：请进！啊，常老师，您也来了，您请坐。

D：今天是你的生日，祝你生日快乐！

A：谢谢您，您来了，我真高兴。常老师，您喝啤酒还是喝汽水儿？

D：我喝汽水儿吧。

A：常老师，我给您介绍一下儿，他是我哥哥，……

D：他叫安东，在北京大学学习。

　　（常老师和安东笑）

E：常老师是我去年的老师。

A：哦，对不起，我怎么一点儿也不知道呢？

D：没关系，我也不知道你是安东的妹妹啊？（对众人）同学们，今天是安娜的生日。我们都很高兴。来，我们一块儿祝安娜生日快乐。

众人：（对安娜）祝你生日快乐！

　　（碰杯声）

问：① 今天是谁的生日？

　　　　a. 安娜○　　b. 安东

② 常老师喝什么了？

　　　　a. 啤酒　　b. 汽水儿○

③ 常老师认识安东吗？

　　　　a. 认识○　　b. 不认识

233

四、听录音，口头回答问题：

    (1) 老师的桌子上有什么？

    (2) 你们班谁的房间不太整洁？

    (3) 上课的时候儿，你常常回答老师的问题吗？

    (4) 对不起，我不应该问这个问题。(用"没关系"或"没什么"回答)

    (5) 你朋友的衣服好看，还是你姐姐的衣服好看？

    (6) 你看，他找什么呢？

    (7) 请帮助我一下儿，行不行？

    (8) 他去银行换外币，什么时候儿回来？

    (9) 安娜怎么不爱吃糖呢？

    (10)你爱喝什么？

    (11)请你给我介绍一下儿你们班。

第二十七课

一、语音练习:

(1) 划出你听到的词语:

{ róngyì(✓)   { xuéyuàn   { Běijīng
{ róngyī   { xuěyuán(✓)   { bèijǐng(✓)

{ liànxí(✓)   { yǔyán   { měitiān
{ liánxì   { yùyán(✓)   { měitián(✓)

{ Hànzì(✓)   { rènshi(✓)   { jiàoshì(✓)
{ hànzi   { rénshì   { jiàoshī

{ hēibǎn(✓)
{ hēibān

(2) 听后给下面的古诗注音并朗读:

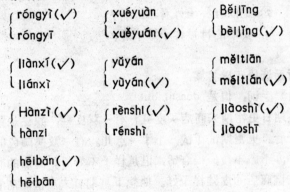

绝句　　　　　　　　Juéjù

两个黄鹂鸣翠柳，　　Liǎngge huánglí míng cuì liǔ,
一行白鹭上青天。　　Yìháng báilù shàng qīng tiān.
窗含西岭千秋雪，　　Chuāng hán xī lǐng qiānqiū xuě,
门泊东吴万里船。　　Mén bó Dōngwú wànlǐ chuán.

二、句重音练习:

(1) 边听边说:

① 这双鞋样子好看。

235

② 这件衬衫颜色好。

③ 他们的房间地很干净。

④ 那件衣服颜色太深。

⑤ 她的汽车样子很好看。

(2) 边听边回答，并标出答句的重音：

① 你的皮鞋样子怎么样？

② 他的衣服颜色好不好？

③ 她的鞋样子好看不好看？

④ 安娜的衬衫样子好不好？

三、听后选择正确答案：

(1) 生词：但是 dànshì but

星期日史密斯去商店买皮鞋。有一双皮鞋，颜色是黄的，样子很好看。史密斯试了试，小了一点儿。有一双黑颜色的皮鞋不大不小，不肥不瘦，很合适，但是样子不好看。商店的同志告诉他，友谊商店的皮鞋样子好。他想下星期日去友谊商店看看。

问：① 什么颜色的皮鞋样子好看？

　　　　a. 黄色的○　　b. 黑色的

② 他买皮鞋了没有？什么颜色的？

　　　　a. 买了，黄色的　b. 买了，黑色的　c. 没买○

(2) 情景：安娜在商店买衬衫。

A：您买什么？

B：我想买件衬衫。

A：您要什么颜色的？

B：蓝颜色的，浅蓝的。

A：您看这件合适不合适？

236

B：可以试试吗？

A：可以，您可以回去试一下儿，不合适可以来换。

B：好，多少钱？

A：十七块一。在那边儿交钱。

问：① 她买了什么颜色的衬衫？

　　　　a. 蓝的　　b. 浅蓝的〇

　　② 她在商店试衬衫没有？

　　　　a. 试了　　b. 没试〇

　　③ 这种衬衫多少钱一件？

　　　　a. 十七块一〇　　b. 十一块七　　c. 十七块七

(3) 情景：安娜在商店换衬衫。

A：同志，我想换换这件衬衫。

B：您什么时候儿买的？

A：昨天，今天星期一，不，是上星期六。我回去试了一下儿，瘦了点儿，想换一件肥一点儿、长一点儿的。

B：好。您看这件怎么样？

A：长短、肥瘦合适，但是颜色深了一点儿。有浅点儿的吗？

B：您看这件呢？

A：这件很好。谢谢您。

B：没什么。

问：① 她什么时候儿买的衬衫？

　　　　a. 昨天　　b. 星期一　　c. 上星期六〇

　　② 她的衬衫怎么不合适？

　　　　a. 肥了一点儿　　b. 瘦了一点儿〇

　　③ 她换没换衬衫？

　　　　a. 换了〇　　b. 没换

237

四、听录音，口头回答问题:

(1) 你的皮鞋样子怎么样？

(2) 谁的皮鞋样子好看？

(3) 你的衬衫是什么颜色的？

(4) 阿里有红颜色的衬衫吗？

(5) 北京商店的自行车贵不贵？

(6) 什么东西是白色的？

(7) 什么东西是黑色的？

(8) 什么东西是黄色的？

(9) 什么东西是蓝色的？

(10) 日本的汽车便宜，还是德国的汽车便宜？

第二十八课

一、语音练习：

(1) 划出你听到的词语：

- húzi (✓) / fúzi
- qīhēi / qǐfēi (✓)
- hànshān (✓) / fān shān

- chū hàn (✓) / chūfàn
- yuánfèn (✓) / yuànhèn
- mùfāng (✓) / mùhāng

- héngxíng / fēngxíng (✓)
- hōngdòng (✓) / fēngdòng
- gōngfèi (✓) / gōnghuì

- kāihuā / kāifā (✓)

(2) 听写（用汉语拼音写）：

① Zuótiān wǒ zài Qiónglóu Fàndiàn yùjiànle Āiī.

② Chángchéng lí zhèr hěn yuǎn.

③ Nǐ cóng fúzhuāngdiàn chūlai shàng nǎr le?

④ Xiàwǔ wǒmen gēn lǎoshī yìqǐ qù Liúlichǎng.

⑤ Běijīng gōnggòng qìchēde shòupiàoyuán dàbufen shì
nǚde.

(3) 念上面的句子。

二、句重音练习：

(1) 边听边说（注意"几"的重读和轻读）：

① 他二十几了？

② 他二十几岁了吧？

③ 这些东西有三十几公斤。

④ 这些东西有三十几公斤？

⑤ 这座楼有十几米高。

⑥ 这座楼有十几米高？

⑦ 他买了几张画儿。

⑧ 他买了几张画儿？

(2) 听下面的句子，说出"两"在句子中的意思是"二"还是"几"：

① 昨天我去琉璃厂买了两张画儿，没买别的。（几）

② 他买了两张画儿，一张很贵，一张很便宜。（二）

③ 同志，我买两张票。（二）

④ 晚上我们班去看电影，我去买两张票。（几）

⑤ 我买了两本书，给姐姐一本，给弟弟一本。（二）

⑥ 他买了两本书，还买了几个练习本。（几）

⑦ 她有两双皮鞋和三件衬衫。（二）

⑧ 星期日我洗了两件衣服，还看了一个电影。（几）

三、听后选择正确答案：

(1) 高开和王兰从服装店出来，遇见了张正生。张正生想去琉璃厂买几张画儿，但是不知道怎么坐车。高开也想去琉璃厂买两支笔。他对王兰说："咱们跟他一起去看看吧？"

公共汽车站离服装店很近。他们三个人上了车，一人买了一张五分钱的票，没用十分钟就到了琉璃厂。

问：① 高开和王兰在哪儿遇见了张正生？

　　　a. 服装店里　　　　b. 服装店外边儿○

② 高开去琉璃厂作什么？

    a. 买几张画儿○   b. 买两支笔

③ 从服装店到琉璃厂，汽车票多少钱？

    a. 五分○   b. 一毛

(2) 情景：阿里和安娜谈论琉璃厂。

生词：工厂 gōngchǎng factory

A：昨天我去看你，你不在。

B：是吗？对不起，我去琉璃厂了。

A：琉璃厂？那是什么工厂？

B：不是工厂。琉璃厂是一个地方的名字，那儿有很多商店卖书、卖笔、卖画儿。你看这些中国画儿和笔，是从那儿买的。

A：这些画儿真好。琉璃厂离这儿远不远？

B：不太远。下星期我和我哥哥一起去，你跟我们一块儿去吧。

A：那太好了。

问：① 琉璃厂离这儿远不远？

    a. 不远   b. 不太远○

② 他们什么时候儿还去琉璃厂？

    a. 星期日   b. 下星期○

(3) 情景：约翰问阿里，去琉璃厂怎么坐车。

生词：动物园 dòngwùyuán zoo

       路 lù line (for bus number)

A：阿里，你知道去琉璃厂怎么坐车吗？

B：知道，你想去买中国画儿，是吗？

A：是啊，我想买两张画儿，还想买点儿别的东西。

B：你知道动物园吗？

A：知道。

B：你坐公共汽车到动物园，从动物园换15路汽车到琉璃厂站下。

A：可以坐电车吗？动物园前边儿有很多电车。

B：不行，电车不去琉璃厂。

问：① 去琉璃厂在哪儿换车？

　　　　a. 动物园〇　　　b. 琉璃厂站

　　② 去琉璃厂可以坐电车吗？

　　　　a. 可以，电车很多　　　b. 不行，电车不到琉璃厂〇

四、听录音，口头回答问题：

(1) 你从哪儿来？

(2) 你们上午从几点到几点上课？

(3) 刚才休息的时候儿你遇见老郭了吗？

(4) 你们学校离哪个商店近？

(5) 坐汽车便宜，还是坐电车便宜？

(6) 你们学校旁边儿有公共汽车站吗？

(7) 北京的汽车票贵不贵？

(8) 北京的汽车售票员怎么样？

(9) 你跟谁住一个房间？

(10) 请你给我介绍一下琉璃厂，好吗？

第二十九课

一、语音练习:

(1) 划出你听到的词语:

- xiānhuā(✓) / xiàn huā
- shìyàn / shìyàng(✓)
- jiǎnlì / jiǎnglì(✓)

- qiānqiú / qiángqiú(✓)
- qiǎnxiǎn(✓) / qiǎngxiǎn
- liánxì(✓) / liángxì

- lǎonián(✓) / lǎoniáng
- jiānchǎng / jiāngchǎng(✓)
- jiānkè / jiǎngkè(✓)

- jiānyǐng(✓) / jiāngyǐng

(2) 听写 (用汉语拼音写):

① Zhèng jiàoshòu hé shòupiàoyuán zài tánhuà.

② Zǎoshang hé wǎnshang zuò chē de rén hěn duō, chēshang hěn jǐ.

③ Wǒmen xuéxiào yǒu sìge shāngdiàn, sānge shítáng, chī fàn hé mǎi dōngxi dōu hěn fāngbiàn.

④ Zài Běijīng zuò shíbāzhàn cái yìmáowǔ, zhēn piányi.

⑤ Xià chē yǐhòu yìzhí wàng běi zǒu jiù dàole Yǔyán Xuéyuàn.

(3) 朗读你写的句子。

243

(4) 边听边说下面的谚语:

① 真金不怕火炼，   Zhēn jīn bú pà huǒ liàn,
脚正不怕鞋歪。   Jiǎo zhèng bú pà xié wāi

② 世上无难事，   Shìshang wú nán shì,
只怕有心人。   Zhǐ pà yǒuxīnrén.

二、语调练习:

听后回答（注意升调和降调）:

(1) 汽车票很便宜↓，是不是↑？
(2) 汽车比较挤↓，是不是↑？
(3) 在北京坐汽车比较方便↓，是不是↑？
(4) 我们是不是在这一站下车↑？
(5) 他是不是下车了↑？
(6) 是不是往南走↑？
(7) 是不是坐出租汽车方便↑？

三、听后选择正确答案:

(1) 情景：一个外国人问路。

生词：路 lù line (for bus number)

A：劳驾，去北京饭店怎么坐车？
B：你在这儿坐 1 路或 4 路，到王府井下车，过马路就
到了。
A：到什么地方下车？
B：王府井，王—府—井。
A：王府井，远不远？
B：不远，坐四站就到了。
A：这两路车是一直往东开吗？
B：是，一直往东。

244

问：① 去北京饭店可以坐几路汽车？

　　　　a. 11 路　　b. 46 路　　c. 1 路或 4 路○

　　② 从那儿坐汽车去北京饭店，要坐几站？

　　　　a. 十站　　b. 四站○

(2) 情景：两个外国人谈论北京的汽车票价。

A：北京的汽车票真贵，是不是？

B：我想不贵。

A：坐一站一毛钱，还不贵吗？

B：坐一站一毛？不对吧。

A：真的，我昨天坐了。

B：你坐的几路车？

A：4 路公共汽车。

B：4 路车是。4 路公共汽车坐几站都是一毛。别 的 车不是。别的车坐一站到六站是五分，坐七站到十二站才是一毛。

A：坐小公共汽车贵不贵？

B：不太贵，从动物园到颐和园才一块钱。

问：① 4 路公共汽车坐四站多少钱？

　　　　a. 一毛○　　b. 四毛

　　② 10 路公共汽车坐四站多少钱？

　　　　a. 一毛　　b. 五分○

四、听后画出去天坛公园的路线图。

　　生词：天坛公园 Tiāntán Gōngyuán

　　　　　　Tiantan (The Temple of Heaven) Park

A：高开，从琼楼饭店去天坛公园怎么坐车？

B：从琼楼饭店去天坛公园很方便。你坐地铁到前门，从前门再换 20 路公共汽车到天坛站下，下车以后过马路，一直往东走，就是天坛公园。

A：坐地铁的人多吗？

B：有时候儿比较挤，星期六和星期日坐车的人很多。

琼楼饭店	前门	天坛
地铁	20路公共汽车	

五、听录音，口头回答问题：

(1) 昨天上午你和王老师谈话了没有？

(2) 在北京，坐出租汽车方便不方便？

(3) 坐地铁的人多不多？

(4) 邮局离这儿远不远？往哪边儿走？

(5) 你毕业以后作什么工作？

(6) 用"比较"回答下面的问题：

① 小卖部的啤酒贵不贵？

② 学校食堂的饭怎么样？

③ 他的自行车样子怎么样？

(7) 用"才"回答下面的问题：

① 你们班有多少学生？

② 郭老师的孩子多大了？

③ 你的词典多少钱？

④ 现在几点了？

第三十课

一、语音练习：

(1) 划出你听到的词语：

{ qìchē
{ qí chē(√)

{ láojià
{ lǎojià(√)

{ huàn chē(√)
{ huán chē

{ yīfu
{ yīfu(√)

{ huǒchē(√)
{ huòchē

{ dàxué(√)
{ dàxuě

{ dànshì(√)
{ dǎnshí

{ yùxī
{ yùxǐ(√)

(2) 听写（用汉语拼音写）：

① Huàjù jiùyào kāyǎnle, zánmen kuài jìnqu ba.

② Wǒde piào shì zuì hǎode zuòwèi, shíyīpái sìhào.

③ Nǐ qù Shànghǎi de shíhour, yídìng dào wǒ jiā lái
   wánr.

④ Tā xiànzài hěn máng, bù néng qù huǒchēzhàn sòng
   nǐ le.

⑤ Xiǎzǐ huí guó yǐqián, qù Zhāng lǎoshī jiā gēi tā
   gàobié.

(3) 朗读你写的句子。

(4) 学说绕口令：

任命是任命，   Rènmìng shì rènmìng,

人名是人名，   Rénmíng shì rénmíng,

任命人名不能错，　　　　Rènmìng rénmíng bù néng cuò,

错了人名就错下了任命。Cuòle rénmíng jiù cuò xiàle

　　　　　　　　　　　　rénmíng.

二、句重音练习：

(1) 听后根据句子的重音提问：

　　① 那是<u>我</u>的书。　　　　　　　（那是谁的书？）

　　② 那是我的<u>书</u>。　　　　　　　（那是什么？）

　　③ <u>我</u>要纪念邮票。　　　　　　（谁要纪念邮票？）

　　④ 我要<u>纪念邮票</u>。　　　　　　（您要什么？）

　　⑤ <u>我</u>晚上看电影。　　　　　　（谁晚上看电影？）

　　⑥ 我晚上看<u>电影</u>。　　　　　　（你晚上看电影，还是看

　　　　　　　　　　　　　　　　　　　电视？）

　　⑦ 我<u>晚上</u>看电影。　　　　　　（你什么时候儿看电影？）

　　⑧ 我喝<u>啤</u>酒，不喝汽水儿。（你喝啤酒，还是喝汽水

　　　　　　　　　　　　　　　　　　　儿？）

(2) 听我问，你标出答句的重音：

　　① 他的房间是第一个吗？<u>不</u>是第一个，是第六个。

　　② 第四张桌子是他的吗？<u>不</u>是第四张，是第五张。

　　③ 你的座位是第二个吗？<u>不</u>是第二个，是第三个。

　　④ 第十课在二十七页吗？不在二十七页，在<u>二十九</u>页。

三、听后回答问题：

(1) 话剧就要开演了。

　　问：话剧开演了吗？

(2) 火车快要到了，请你们不要往前边儿走。

　　问：火车到了没有？

(3) 汽车要开了，咱们快走吧。

　　问：汽车开没开？

(4) 售票员同志说:"电影开演了,您快往里走吧!"

问:电影开演了没有?

(5) A:您什么时候儿回国?

B:下星期四。

A:坐火车走吗?

B:对。

A:您走的时候儿,我一定来送您,跟您告别。

问:① 她什么时候儿回国?

② 她回国以前,有人来跟她告别吗?

四、听后选择正确答案:

(1) 情景:A 问 B 的座位。

A:你有话剧票吗?

B:哦,是你啊,小兰。有。你呢?

A:我也有,是四排十四号。

问:小兰的座位是几排几号?

　　　a. 四排四号　　　b. 四排十四号○　　c. 十四排四号

(2) 情景:A 问 B 谁来北京学习。

A:你爱人也要来北京学习,是吗?

B:不,是我爱人的妹妹,我爱人来信告诉我,她妹妹
也想来北京学习汉语。

问:① 谁来信了?

　　　　a. 他爱人○　　　b. 他爱人的妹妹

② 谁要来北京学习?

　　　　a. 他爱人　　　b. 他爱人的妹妹 ○

(3) 情景:B 在火车站送 A,跟 A 告别。

(火车上的广播:从北京开往上海的火车就要开了,
有送亲友的同志请您下车。)

A：火车就要开了，你下车吧。

B：好，到南京以后一定给我来信。一路平安！再见！

A：再见！

问：A 坐火车去哪儿？

　　a. 上海　　　b. 南京○　　　c. 北京

五、听录音，口头回答问题：

(1) 你爱看话剧，还是爱看电影？

(2) 你的座位在第几排？

(3) 来中国以前，你在哪儿学习？

(4) 你认识王老师家吗？

(5) 你们班谁的个子最高？

(6) 阿里明天走，今天晚上你去跟他告别吗？

(7) 你现在忙不忙？还常常打球吗？

(8) 劳驾，去北京站怎么走？

(9) 今天下午我一定去看你。

第 三 十 一 课

一、语音练习:

(1) 划出你听到的词语或短句:

shàng bān, línjū, shàngjí, júzi,

Tā qù Shǒudū Jīchǎng.

Tā gāng xǐle jiǎo.

Tā xǐhuan nàtiáo huáng qúnzi.

(2) 听写:

① Wǒ zuótiān qù shuǐguǒdiàn mǎile èrjīn júzi hé
sānjīn lí.

② Wǒ xià bān de shíhour, tā zhàn zài ménkǒur děng
māma ne.

③ Zhāng shīfu shì wǒde línjū; měi tiān xiàle bān mǎi
dōngxi, zuò fàn, xǐ yīfu, máng jí le.

④ Míngtiān nǐ qù huǒchēzhàn jiē Zhāng Zǐqiáng,
shùnbiàn dào Wángfǔjǐng gěi wǒ mǎi běn shū ba.

⑤ Gāo Kāi de àiren jiào Wáng Lán, tā xiànzài shì
Dìsān Yīyuàn de dàifu.

(3) 读上面的句子。

(4) 学说绕口令:

家门口儿放着一垛断短扁担。

Jiā ménkǒur fàngzhe yíduò duǎn duǎn biǎndan.

二、句重音练习:

听问题，划出答句的重音：

（1）谁是你的邻居？

王师傅是我的邻居。

（2）你买什么了？

我买了几斤葡萄。

（3）安娜买了多少苹果？

安娜买了四个苹果。

（4）约翰买的橘子怎么样？

约翰买的橘子不错。

（5）约翰买的水果怎么样？

约翰买的橘子不错，苹果不好。

三、把下面的句子改成否定句：

（1）王兰上街了。

王兰没上街。

（2）他去车站送朋友去了。

他没去车站送朋友。

（3）我买了三斤梨。

我没买梨。

（4）她吃了晚饭了。

她没吃晚饭呢。

（5）张老师下了班，洗完澡，看电影去了。

张老师下了班，没洗澡，也没去看电影。

四、听下面的句子，选择正确的解释：

（1）阿里刚做完练习。

a．阿里在两小时以前做完了练习。

b．阿里在两分钟以前做完了练习。○

（2）明天上街，我要顺便洗个澡。

a．明天他上街去洗澡。

252

b. 明天他上街买东西,买完东西去洗澡。○

(3)夏子买了好几本英文书。

　　a. 夏子买了几本英文书,这些英文书很好。

　　b. 夏子买了七八本英文书。○

(4)那个商店的水果,梨不错。

　　a. 那个商店的水果和梨不错。

　　b. 那个商店的梨不错,别的水果不太好。○

(5)我有时候去邻居家看电视。

　　a. 他每天去邻居家看电视。

　　b. 他不常去邻居家看电视。○

五、听后回答问题:

(1)高开下了班,回家的时候儿看见商店里有很多人在买苹果。
　　他问了一下,苹果很便宜。他想,爱人很爱吃苹果,就买了好
　　几斤。

　　问:高开为什么买了好几斤苹果?

(2)情景:高开和王兰谈话。

　　高:你早回来了?

　　王:不,刚到家。

　　高:你怎么也刚回来?

　　王:下了班,顺便去看了个学生。

　　问:①高开和王兰现在在哪儿呢?

　　　　②他们回来多长时间了?

(3)情景:张师傅在家门口遇见了王兰。

　　张:王老师,您怎么刚回来?

　　王:下了班,去买了点儿菜。

　　张:今天的菜贵不贵?

　　王:比较贵。我没有多买。

　　问:①王老师下了班上街去了吗?

②王老师买没买菜？

六、听录音，快速回答问题：

(1)王师傅是老师吗？

(2)你刚才看见张老师的邻居了吗？

(3)你刚到中国吗？你来了多长时间了？

(4)你们家谁做饭？

(5)你什么时候上街？顺便给我买一沓儿信封好吗？

(6)下课的时候儿，你在门口儿看见谁了？

(7)明天你去火车站送约翰吗？

(8)你爱吃什么水果？

(9)阿里有好几个中国朋友，是吗？

(10)你爱吃葡萄还是爱吃橘子？

(11)你的邻居是哪国人？他(她)是个不错的邻居吗？

第 三 十 二 课

一、语音练习：

（1）划出你听到的词语或短句：

pópo, dùzi, pízi, túshū,

tāle yìjiān fáng

Nǐde yīfu tuō bu tuō?

（2）边听边给下面的古诗注音：

登鹳鹊楼　　　　Dēng Guànquèlóu

白日依山尽，　　　Báirì yī shān jìn,

黄河入海流。　　　Huánghé rù hǎi liú;

欲穷千里目，　　　Yù qióng qiān lǐ mù,

更上一层楼。　　　Gèng shàng yìcéng lóu;

（3）朗读上面的诗。

二、句重音练习：

（1）边听边说，注意句重音：

① 你什么时候作作业？

　　我看完电视就作。

② 你什么时候去上海？

　　我下月考完试就去，

③ 刘天华干什么去了？

　　他吃完饭就上街去了。

④贾红春上哪儿了？

　　　她下了课就去琼楼饭店了。

（2）听我问，你选择答句，注意答句的重音：

　　①你什么时候去看电影？

　　　a．我吃了饭就去。

　　　b．我吃了饭就去。

　　　c．我吃了饭就去。○

　　②他干什么去了？

　　　a．他写完信就去买汽水了。

　　　b．他写完信就去买汽水了。

　　　c．他写完信就去买汽水了。○

　　③咱们什么时候爬山？

　　　a．雨停了，咱们就爬山。

　　　b．雨停了，咱们就爬山。○

　　　c．雨停了，咱们就爬山。

　　④你还想去上海吗？

　　　a．去，我考完试就去。

　　　b．去，我考完试就去。○

　　　c．去，我考完试就去。

三、用"真"和"多么……啊"完成句子：

　　先听我们说：

　　　A：这山高

　　　B：这山真高！这山多么高啊！

　　　A：这山真高！这山多么高啊！

　　　B：这山真高！这山多么高啊！

　　你们作练习：

　　　太阳　红

　　　颜色　好看

东西　便宜

这地方　有意思

雨　大

这件衣服　合适

这个学校　大

四、听下面的句子，听后回答问题：

（1）郑教授有一个女儿、两个儿子，他们都还没有毕业。

问：①郑教授有几个孩子？

②郑教授的孩子是作什么的？

（2）李大年先去邮局再上街。

问：那个邮局在院内吗？

（3）妈妈说对了，雨果然停了。

问：刚才妈妈说什么了？

（4）我们十二点吃午饭，吃了饭我就去找你。

问：他下午两点钟去找朋友，对吗？

（5）过了一会儿，天晴了。

问：一个小时以前，天很好，对吗？

五、听后选择正确答案：

（1）情景：约翰请阿里去看话剧。

约翰：阿里，你去看话剧吗？我有两张票。

阿里：谢谢你，约翰。你知道，我多么想看话剧呀！

可是，我还没作完作业呢。

约翰：没关系！

阿里：什么？没关系？不，我一定要作完作业。

约翰：我是说，现在有时间，你先作作业，作完作业

咱们再走。

阿里：几点开演？

约翰：七点半。

阿里：好。听你的。
问：阿里去不去看话剧？
a．去，作完作业就去。〇
b．不去，还没作完作业呢。
（2）情景：早上安娜和史密斯讨论去哪儿玩。
安娜：雨停了，咱们走吧。
史密斯：不行，你看，天还没晴呢。过一会儿可能还下。
下雨爬香山多没意思啊。
安娜：你说得真对！果然又下雨了。我们今天去哪儿玩
呢？
史密斯：咱们去故宫，怎么样？在故宫，下雨没关系。
安娜：好的。走吧。
史密斯：带雨伞了吗？
安娜：带了。
问：（1）他们今天去哪儿玩？
a．香山　　　　　b．故宫〇
（2）他们去的时候下雨了没有？
a．阴天　　　　　b．下雨了〇

六、听录音，快速回答问题：
（1）今天是阴天还是晴天？
（2）昨天下雨了吗？
（3）你起床的时候，太阳出来了吗？
（4）你常常什么时候作作业？
（5）你带词典了没有？借我用一会儿可以吗？
（6）高老师的女儿叫什么名字？
（7）郑教授有儿子没有？
（8）今天下了课，你先作什么？
（9）你什么时候去吃饭？

(10)过一会儿你去打球吗？

(11)你爱爬山吗？

(12)录音停了没有？

第 三 十 三 课

一、语音练习:

(1)划出你听到的词语或短句:

mùcái, chíxù, shìshí, sīrén, zhāi huār, Tāmen dōu zuìle

(2)听写:

① Cóng Běijīng dào Shànghǎi zuò huǒchē yào yòng èrshíge xiǎoshí.

② Wǒde cídiǎn méi yǒu le, wǒ zhǎole bàn tiān háishì méi zhǎodào.

⑧ Tóngzhìmen, qiúsài hěn kuài jiùyào kāishì le, qǐng huídào nínde zuòwèishang qù ba.

④ Shāngdiàn ménkǒur de páizishang xiězhe jiǔ diǎn kāimén, kěshì dōu jiǔdiǎn yíkè le, mén hái bù kāi.

⑤ Tóngxuémen dǎle yíge duō xiǎoshí qiú, yòu lèi yòu kě, dōu qù lěngyǐndiàn le.

(3) 读上面的句子。

二、句重音练习:

(1) 听后划出答句的重音:

①你们上午学习几个小时?

我们上午学习四个小时。

②坐汽车去长城要用多长时间?

要用三个多小时。

③小卖部几点开门?

260

小卖部九点半开门？

④我的表停了，你的表几点了？

我的表是十二点十三分。

⑤你渴不渴？咱们去喝汽水吧。

好吧，我又累又渴。

（2）听后给下面的句子提出问题：

①电影七点一刻开演。

电影几点开演？

②从上海到北京，坐火车要用二十个小时。

从上海到北京坐火车要用多长时间？

③现在是北京时间三点整。

现在几点？

④我学习了两个小时了。

你学习几个小时了？

⑤我们一节课五十分钟。

你们一节课多少分钟？

三、听下面的句子，选择正确的解释：

（1）我八点就来了，等了你们一个小时了。

　　a．现在一点了。

　　b．现在九点了。〇

（2）我的钢笔忽然找不到了。

　　a．他的钢笔没有了，不知道在什么地方，

　　b．他刚才还有钢笔，现在没有了，不知道在什么地方。〇

（3）服装店八点半开门。

　　a．服装店的门八点半开。

　　b．服装店八点半开始卖东西。〇

（4）小朋友，注意，火车来了。

　　a．火车来了，小朋友不要站在前边。

b．火车来了，小朋友准备上车。 ○

（5）可不是，时间过得太快了。

a．不能说时间过得太快。

b．你说得对，时间过得太快。○

四、听后选择正确答案：

（1）情景：安娜和阿里在一起学习。

安娜：**现在几点了？**

阿里：十点了。

安娜：哟，时间过得真快啊！我们已经学习了三个小

时了？

问：　他们几点开始学习的？

a．十点　　b．三点　　c．七点○

（2）情景：约翰找钢笔。

约翰：夏子，你看见我的钢笔了吗？

夏子：没有啊，我写完信就给你了。

约翰：是啊，刚才我还写字了，可是现在忽然找不到了。

夏子：（哈哈）你手里是什么？

约翰：嘻嘻，我，我……，这真有意思。

问：　约翰的钢笔在哪儿呢？

a．在夏子手里　　b．在约翰手里○

（3）情景：刘和李在书店门口儿。

刘：　书店几点开门？

李：　九点。快了，还有三分钟。

刘：　哟，咱们没看见门上的牌子，星期一休息。

李：　可不是，咱们走吧。

问：　①现在几点？

a．9:00　　b．8:57○

②今天是星期一吗？

262

a. 是〇　　b. 不是

五、听录音，快速回答问题

（1）你的表几点了？

（2）上午你们几点开始上第三节课？

（3）你们学校有冷饮店吗？

（4）你们一节课有多长时间？

（5）你一天学习多少小时？累吗？

（6）中午食堂几点开始卖饭？

（7）你们学校大门口儿外边儿有牌子吗？你注意上边的字是
　　　什么了吗？

（8）冬冬和青青爬上香山了吗？他们爬了多长时间的山？

（9）什么是冷饮？

（10）现在我累了，你累吗？咱们休息一会儿吧。

第三十四课

一、语音练习：

（1）划出你听到的词语或短句：

zhīyuán, chūbù, zūzi, zēngbīng wǔshǐwàn, Nǐ chāi ba.

（2）边听边给下面的古诗注音：

枫桥夜泊　　　　Fēngqiáo yèbó

月落乌啼霜满天，　　Yuè luò wū tí shuāng mǎn tiān,
江枫渔火对愁眠；　　Jiāngfēng yúhuǒ duì chóu mián;
姑苏城外寒山寺，　　Gūsūchéngwài Hánshānsì,
夜半钟声到客船。　　Yèbàn zhōngshēng dào kèchuán.

（3）朗读上面的诗。

二、句重音练习：

（1）练习"都"的重读和轻读：

听我问，你选择答句：

①那个电影你们都看过吗？

　a．那个电影我们都看过。

　b．那个电影我们都看过。〇

②那个电影你看不看？

　a．那个电影我都看过了，不看了。

　b．那个电影我都看过了，不看了。〇

③他们都走了吗？

　a．他们都走了。〇

264

b．他们都走了。

④他们都坐车去吗？

　　a．他们都坐车去。〇

　　b．他们都坐车去。

⑤你怎么没去看话剧？

　　a．这个话剧我都看过了。

　　b．这个话剧我都看过了。〇

⑥你喜欢看什么？

　　a．电影和电视我都喜欢。〇

　　b．电影和电视我都喜欢。

⑦小王呢？

　　a．他都进城了，你不知道？

　　b．他都进城了，你不知道？〇

⑧再坐一会儿好吗？

　　a．哎呀，都十二点了，该走了。

　　b．哎呀，都十二点了，该走了。〇

（2）练习"才"的重读和轻读：

听我问，你选择答句。

①汽车来得很快吗？

　　a．不，汽车十分钟才来一辆。〇

　　b．不，汽车十分钟才来一辆。

②你早就买到票了吗？

　　a．不，我才买到。〇

　　b．不，我才买到。

③你等了一会儿，他就来了吧？

　　a．不，我等了差不多一个钟头他才来。

　　b．不，我等了差不多一个钟头他才来。〇

④老师讲了很长时间，他们才懂，是吧？

　　　　a．不，老师才讲了十分钟他们就都懂了。

　　　　b．不，老师才讲了十分钟他们就都懂了。〇

三、听下面的句子，选择正确答案：

　　（1）我十二点就来了。

　　　　问：他来得早不早？

　　　　　a．早〇　　b．　不早

　　（2）我等了五分钟才买上这张电影票。

　　　　问：电影票好买不好买？

　　　　　a．好买　b．不好买〇

　　（3）他怎么可能不去呢？

　　　　问：他去不去？

　　　　　a．可能不去　　b．一定去〇

　　（4）我一到中国就买了本《汉英词典》。

　　　　问：他的意思是：

　　　　　a．他来中国买了一本《汉英词典》。

　　　　　b．他到中国很快就买了一本《汉英词典》。〇

　　（5）我们都等了半天了，还不开门。

　　　　问：这句话的意思是：

　　　　　a．他们等了四个小时，没开门。

　　　　　b．他们等了很长时间没开门。〇

四、听后回答问题：

　　（1）今天是星期日，张正生跟女朋友玲玲在公园有个约会。

　　　　可是他到公园的时候，玲玲在那儿都等了他三四十分钟

　　　　了。其实，张正生早上七点钟一起床就从家里出来了。

　　　　他没想到，马路上车多，汽车开得很慢，八点半才到了

　　　　公园门口儿。他看见玲玲有点儿不高兴了，就跑到冷饮

　　　　店买来了汽水儿和冰淇淋，请玲玲原谅："你别生气，我以

　　　　后一定提前三个小时出来。"玲玲看他的衣服都湿了，才

笑了："我来的时候，坐车的人就不多。你不知道吗？今天的约会我都等了一个星期了。"

问：①开始的时候，玲玲为什么不高兴了？

②张正生在路上走了多长时间？

③玲玲为什么笑了？

（2）情景：约翰买完话剧票到了安娜的家。

安娜：话剧票好买吗？

约翰：排了半个小时的队才买到。

安娜：给你扇子。你看，衣服都湿了，吃个冰淇淋吧。

约翰：我真有点儿渴了，有汽水儿吗？我一买完票就骑车往回跑，才骑了二十分钟。

安娜：你骑得太快了。给你汽水儿。

问：①买话剧票的人多不多？

②剧场离安娜家远不远？

（3）情景：老王和小张谈爬山。

老王：小张，上星期天你上哪儿玩儿去了？

小张：和玲玲去香山了。

老王：你们爬山了吧？

小张：可不是，山不高，可是很不好爬，爬了一个钟头才爬上去。老王，您喜欢爬山吗？

老王：现在不行了。我上大学的时候，常常和同学们去爬山。

问：①香山好爬不好爬？

②老王喜欢不喜欢爬山？

五、听录音，快速回答问题：

（1）你们学校离哪个公园近？

（2）这个星期日他和朋友有约会吗？

（3）今天早上你几点就来了？

（4）昨天晚上你几点才睡？

（5）中午食堂吃饭排队吗？

（6）你爱吃冰淇淋还是爱喝汽水儿？

（7）现在你们可能不常常用扇子了吧？

（8）你今天快八点了才到，明天提前一点儿怎么样？

（9）今天的语法你都懂了吗？

（10）你们都学完第三十五课了，是吗？

第 三 十 五 课

一、语音练习:

(1)划出你听到的词语和短句:

bàngōng, qiézi, xīfú, qiáoiiáng,

Tā shì jíxìngzi. Tāmen zhèngzài zuò xítí.

(2)边听边给下面的谚语注音:

①忠实的人，对人处处关心;   Zhōngshí de rén duì rén chùchù guānxīn,

虚伪的人，对人当面奉承。   Xūwěi de rén duì rén dāngmiàn .fèngchéng.

②忠于诺言是君子,   Zhōng yú nuòyán shì jūnzǐ,

不讲信用是小人。   bù jiǎng xìnyòng shì xiǎorén.

③种瓜得瓜，种豆得豆。   Zhòng guā dé guā; zhòng dòu dé dòu;

(3)朗读上面的谚语。

二、句重音练习:

(1)听我问，你选择正确答案:

①你是怎么去的俱乐部?

a. 我是坐无轨电车去的俱乐部。

b. 我是坐无轨电车去的俱乐部。○

c. 我是坐无轨电车去的俱乐部。

②你是在哪儿看的电影？

　　a。我是在俱乐部看的电影。

　　b。我是在俱乐部看的电影。

　　c。我是在俱乐部看的电影。○

③你们是什么时候看的杂技？

　　a。我们是上星期三看的杂技。

　　b。我们是上星期三看的杂技。○

　　c。我们是上星期三看的杂技。

④你们是在哪儿吃的饭？

　　a。我们是在张文家吃的饭。

　　b。我们是在张文家吃的饭。○

　　c。我们是在张文家吃的饭。

⑤他是跟谁一起去的音乐厅？

　　a。他是跟他朋友一起去的音乐厅。

　　b。他是跟他朋友一起去的音乐厅。

　　c。他是跟他朋友一起去的音乐厅。○

⑥他们是什么时候回来的？

　　a。他们是昨天晚上回来的。○

　　b。他们是昨天晚上回来的。

　　c。他们是昨天晚上回来的。

（2）听下面的句子，练习提问：

①我是前天回来的。

　　你是什么时候回来的？

②我是随代表团一起来的。

　　你是跟谁一起来的？

③我们是坐火车去的。

　　你们是怎么去的？

④这张照片是在敦煌照的。

这张照片是在哪儿照的？

⑤我们是从上海来的。

你们是从哪儿来的？

三、听下面的句子，选择正确答案：

（1）他们是前天坐火车去的。

这句话的意思是：

a．他们前天去坐火车了。（这里"去"轻读）

b．他们前天坐火车走了。〇

（2）安娜说："张老师，我给您和玲玲同志照张相片儿吧。"

这句话的意思是：

a．相片儿上的人是安娜。

b．相片儿上的人是张老师和玲玲。〇

（3）我也许明天去学校看看。

这句话的意思是：

a．他明天可能去学校看看。〇

b．他明天一定去学校看看。

（4）我们后天离开广州去北京。

这句话的意思是：

a．他们后天从北京去广州。

b．他们后天从广州去北京。〇

（5）那个姑娘是给他们做翻译的。

问：谁是翻译？

a．那个姑娘 〇

b．他们

四、听后选择正确答案：

（1）安娜在公园遇见张正生。

安娜是个外国姑娘。她是前年在中国北京大学中文系毕业的。今年十月她跟一个艺术代表团一起，又来到了北京。在香山公园她看见了以前的中国老师张正生。她告诉张老师，她现在是翻译，她和代表团已经访问了广州、上海、乌鲁木齐和敦煌，后天就要离开中国了。

张正生请安娜第二天去他家玩，可是安娜和代表团还要去长城，她不能去。安娜请她的朋友给她和张老师一块儿照了一张相就很快走了。

问：①安娜以前在中国学习什么？

　　　　a．艺术　b．中文○

②安娜什么时候离开中国？

　　　　a．前天　b．第二天　c．后天○

③第二天安娜要去哪儿？

　　　　a．张老师家　b．长城○　c．香山公园

（2）情景：史密斯在北海公园的一个冷饮店遇见了夏子和阿里。

夏子：哟，这不是史密斯先生吗？您前年不是回英国了吗？

　史：我又来了，我是跟体育代表团一起来的，我是他们的翻译。你们毕业了吗？

阿里：还没有呢，我们还要在音乐学院学习一年。你们是什么时候到的中国？

　史：上个月。我们到中国以后访问了很多地方，前天才到北京。

夏子：咱们都坐下说话，史密斯先生，请坐吧。您想喝点儿什么？啤酒还是汽水？这儿有蛋糕，请随便吃吧。

　史：我爱吃北京的冰淇淋，这儿有吗？我也许后天晚上能去语言学院看看张老师。

272

阿里：有，我去买。

夏子：那我们也去。

问：①史密斯先生是哪国人？

　　　a．美国　b．英国○

②史密斯先生什么时候到的北京？

　　　a．上个月○　b．前天

③史密斯先生吃什么？

　　　a．蛋糕　b．冰淇淋○

④夏子和阿里在哪个学校学习？

　　　a．体育学院　b．语言学院

　　　c．音乐学院○

五、听录音，快速回答问题：

（1）你是什么时候开始学习汉语的？

（2）你前年在学习还是在工作？

（3）你爱吃蛋糕吗？

（4）在中国你访问了哪些地方？

（5）你能给我介绍一下你们国家的情况吗？

（6）你前天作什么了？

（7）你后天去公园吗？

（8）你什么时候离开这个学校？

（9）今天的课文你能翻译吗？

（10）你们班有几个女同学？

（11）你有妈妈的相片儿吗？你常常想她吗？

（12）上课的时候，不能随便说话，是不是？

第 三 十 六 课

一、语音练习:

（1）划出你听到的词语或短句：

chídào, cízhí, chízi, búyào zhāixialai,

yìzhāng jīpiào, Nǐmen bié zhǎo le.

Wǒmen qù fǎngwèn yíge gōngzhǎng.

（2）听写：

① Yuēhàn gǎnmào le. Tā tóu téng, késou, hái yǒu diǎnr fāshāo.

② Tóngzhǐ, wǒ sǎngzi téng, yīnggāi guà nèikē háishì wàikē?

③ Annà jīntiān bù shūfu, bù lái shàng kè le.

④ Wǒ měitiān liùdiǎnzhōng qǐ chuáng, qǐ chuáng yǐhòu dǎ bàngle xiǎoshí tàijíquán, cái qù chī zǎofàn.

⑤ Tāde shǒu shì xīngqīrì qù Chángchéng pá shān de shíhour nòngpò de.

（3）读上面的句子。

二、句重音练习:

（1）听后说出句子的意思：

① 我今天头疼。

② 我今天头疼。

③ 我今天头疼。

④ 我今天头疼。

274

（2）听后标出答句的重音：

① 你今天怎么不舒服？

　我今天<u>头</u>疼。

② 你今天嗓子疼吗？

　不，我今天<u>头</u>疼。

③ 你昨天头疼吗？

　不，我<u>今天</u>才开始头疼。

④ 你们今天谁头疼？

　<u>我</u>今天头疼。

三、听下面的句子，听后填空：

（1）冬冬的手破了，很疼，他去医院看手。

　他应该挂外科。

（2）青青今天头疼，咳嗽，嗓子疼，鼻子也不通。

　她的病是感冒。

（3）常大夫给约翰试了试表，39.5°C。

　约翰试表以后知道发烧了。

（4）这是你的药，大药片儿每天吃三次，每次吃一片儿。小
　药片儿每天吃四次，每次吃两片儿。

　大夫给了他两种药。

　他的药大药片儿每天吃三片儿。

　小药片儿每天吃八片儿。

（5）我每次来中国都要去一次长城，我已经去了四次了。

　他来四次中国了。

四、听后回答问题：

（1）情景：史密斯在医务所看病。

　大夫：请这儿坐吧。你怎么不舒服？

　　史：我肚子疼。

　大夫：哪边儿疼？

大夫：请你到床上去。……这儿疼吗？

史：不疼。

大夫：这儿疼不疼？

史：不疼。

大夫：这儿……

史：哎哟，疼，疼，非常疼。

大夫：你疼了几天了？

史：今天上午开始的。

大夫：你应该马上去医院。我去打电话叫汽车去送你。

问：①史密斯怎么不舒服？

　　②大夫给他开药了吗？

2. 情景：夏子在医务所看病。

大夫：我给你开点儿药，再打两天针。

夏子：打针？

大夫：怎么？你不想打？

夏子：打吧。

大夫：白药片儿一天三次，每次一片儿。黄药片儿一天
　　　四次，每次两片儿。针是上午打一次，下午打一
　　　次。你要多喝水，多吃水果。

夏子：好的。谢谢你。

问：①夏子一共要打几针？

　　②夏子一天吃几种药？

（3）情景：张大夫给约翰看病。

张：约翰，这儿坐。这次又怎么不舒服？

约：嗓子疼，有点儿发烧。

张：咳嗽不咳嗽？

约：不咳嗽，鼻子也通，只是嗓子很疼。

张：试试表吧。
　　（过了一会儿）
约：发烧吗？
张：发烧，39.8°C。张嘴，"啊——"。
约：啊——
张：嗓子非常红。这次还要打针吃药。你晚上几点睡觉？
约：十二点。看书，学习。
张：以后晚上不要长时间学习。星期天也应该去公园玩一玩，不要只是工作，不注意休息。
约：您说得对，我以后一定要注意休息。
问：①约翰这次是第一次得病吗？
　　②张大夫告诉约翰应该注意什么？

五、听录音，快速回答问题：
（1）你手里有什么？
（2）感冒了，去医院看病，要挂哪一科？
（3）手破了，去医院要挂哪一科？
（4）小孩儿病了，去医院要看哪一科？
（5）你每天晚上几点睡觉？
（6）每天下午你学习汉语吗？
（7）你看电视吗？每星期看几次？
（8）从北京坐飞机去你们国家要换飞机吗？
（9）从外交公寓坐公共汽车去香山公园，要换几次车？
（10）我的衣服破了，你能帮助我吗？

第 三 十 七 课

一、语音练习：

    （1）划出你听到的词语或短句：

        xīwàng, qījiān, qíshí, shíxíng, guā fēng le;

        yíbàng miànbāo, liǎngtiáo jīngyú.

        Tā yǒu yìkē hóngxīng.

    （2）听后给下面的绕口令注音：

板凳宽，扁担长，	Bǎndèng kuān, biǎndan cháng,
扁担要绑板凳上，	biǎndan yào bǎng bǎndèngshang,
板凳不让扁担绑，	bǎndèng bú ràng biǎndan bǎng,
扁担非绑板凳上。	biǎndan fēi bǎng bǎndèngshang.

    （3）读上面的绕口令。

二、听下面的句子，给"来"或"去"标上调号（注意它是读原调，还是读为轻声）：

    （1）阿里来中国半年了。

    （2）他拿来了一个录音机。

    （3）我们去长城照相。

    （4）我们带去两个篮球。

    （5）上星期我从张正生那儿借来一本词典。

    （6）我来借一本词典。

    （7）贾红春去美国两年了。

    （8）夏子的汽车我已经送去了。

三、听下面的句子，听后选择正确答案：

（1）排球比赛马上要开始了。

　　　　问：比赛开始了没有？

　　　　　　a．已经开始了　b．还没开始呢○

（2）高老师让我告诉你们，他今天晚上不能跟咱们一起去看
　　　话剧了。

　　　　问：今天晚上谁去看话剧？

　　　　　　a．高老师和他们　b．高老师　c．他们○

（3）青青看见冬冬在马路上跑，就说："别着急，注意路上的
　　　汽车。"

　　　　问：谁在马路上跑？

　　　　　　a．青青　b．冬冬○

（4）糟糕，我的票呢？你看见了吗？

　　　　问：他在作什么？

　　　　　　a．找人　b．找票○

（5）明天中国女子排球队和日本女子排球队比赛，排队买票
　　　的人非常多，排在后面的人可能买不到票。

　　　　问：排队的人都能买到票吗？

　　　　　　a．也许都能买到　b．可能有的人买不到○

四、听后选择正确答案：

（1）昨天晚上高老师邀请我们几个学生去北京体育场看足球
　　　比赛。我们有的骑自行车去，有的坐公共汽车去。高老
　　　师从他家去体育场，在门口儿等我们。

　　　　运动员和裁判员开始进场了，可是约翰还没到。高老
　　　师让我在门口儿等他，他带同学们先进去。又过了五分
　　　钟约翰才来。其实他五点半就从学校出来了。坐汽车的
　　　人很多，他等了三十分钟才上了汽车。来体育场的路上，
　　　车又很多，公共汽车不能快开。他到了体育场已经七点
　　　四十了。我们要进去的时候，他的票又忘了带来了。您

说，多糟糕！正好我还有一张票。我们上了看台，比赛已经开始十分钟了。

问：①谁先进了体育场？

　　a．高老师　　b．学生们　　c．高老师和一些学生○

②约翰是怎么去的体育场？

　　a．坐公共汽车○　　b．骑自行车

③约翰到体育场时几点了？

　　a．五点半　　b．七点四十○

④约翰为什么很晚才到体育场？

　　a．他没有提前出来。

　　b．汽车不能快开。○

（2）A：阿里，你怎么才回来？人多吧？

　　B：不太多。

　　A：东西好买吗？

　　B：好买。

　　A：蛋糕和水果呢？

　　B：糟糕！我忘在邮局了。

　　A：邮局？你怎么去邮局了？

　　B：我从商店买了东西，又去邮局寄了两封信，买了几套纪念邮票。

　　A：六点半邮局就关门了，你快去拿吧。

　　B：没关系，还有半个小时呢。你在宿舍等我，我马上就回来。

问：①他买什么东西了？

　　　a．蛋糕、水果

　　　b．两沓信封、纪念邮票

　　　c．蛋糕、水果、纪念邮票○

②现在几点了？

a．六点半　b．六点〇　c．五点半

（3）A：小王师傅，你不是要去南京吗？

B：我又回来了。

A：真快呀！

B：我刚从火车站回来。

A：怎么？不去了？

B：不是，该带的东西，忘带了几件，现在回来拿。

A：要晚了吧？

B：没问题，我拿了东西，马上就走。

问：他为什么回来？

a．不去了　b．回来再拿几件东西〇

五、听录音，快速回答问题：

（1）你会打篮球吗？

（2）你们国家的姑娘们踢(tī, to play)足球吗？

（3）你们班有运动员吗？他打什么球？

（4）你们国家排球代表团什么时候来中国访问？

（5）上一课的作业你带来了吗？

（6）考试的时候，老师让看词典吗？

（7）我忘拿铅笔了，你那儿有吗？借我一支。

（8）汤姆为什么很着急？

（9）王老师邀请我们班的同学下星期去他家玩儿，你去吗？

(10)现在马上就要下课了吗？

第 三 十 八 课

一、**语音练习：**

（1）划出你听到的词语或短句：

fēnbù, ēnqíng, běifāng, mùchuán, búxìng,
fēngjǐng, jǐjù, xúnzhǎo chǎngdì, Wǒ kànle qīyè.

（2）听写：

① Wǒ gěi Gāo lǎoshī dǎ diànhuà de shíhour, tā
zhènghǎo bú zài jiā, wǒ qǐng Wáng lǎoshī zhuǎngào
tā.

② Shíyīyuè èrshíqīhào shì wǒ guó guóqìng, wǒmen
dàshǐguǎn yāoqǐng zài Běijīng de liúxuéshēng qù
dàshǐguǎn cānjiā qìngzhù huódòng.

③ Wǒmen dōu xǐhuan qù zìxuǎn shìchǎng mǎi dōngxi.
Nàlǐde jī、yā、yú、ròu、dàn、cài suīrán bǐjiào guì,
kěshì hěn xīnxiān.

④ Jīntiān shì wǒ yéyede shēngrì, wǒ gěi tā mǎile yíge
shēngrì dàngāo hé yíjiàn pí'ǎo zuòwéi lǐwù, tā
yídìng hěn gāoxìng.

（3）读上面的句子。

二、**听下面的句子，给"来"或"去"标出实际的声调：**

（1）你们上哪儿去？

（2）他们都去香山公园吗？

（3）我请了几位朋友来，你去作几个菜吧。

282

（4）客人们都来了，请您进屋去吧。

（5）妈妈刚才上街去了，她买了些牛肉来。

（6）糟糕！给妹妹的礼物我忘带来了。

三、听下面的句子，选择正确解释：

（1）明天要是不下雨，我们和他们班比赛足球。

这句话的意思是：

a．明天一定比赛足球

b．明天天气好、不下雨，就比赛足球。○

（2）我下班回家路过自选市场，进去买了几斤肉。

这句话的意思是：

a．下午他没有工作，去买肉了。

b．下午他工作完了，顺便买肉了。○

（3）这里的自选市场，人们可以随便拿东西，可是不是不要
钱。

这句话的意思是：

a．这个自选市场的东西是可以随便拿的，不要钱。

b．在这个自选市场可以随便拿东西，可是要交钱。○

（4）您带什么礼物！去就可以了。

这句话的意思是：

a．您带什么礼物去？

b．您去的时候不要带礼物。○

（5）欢迎同学们来我家，请屋里坐吧。

这句话的意思是：

a．他欢迎同学，请他们进屋里去坐。○

b．同学们欢迎他，请他进屋里去坐。

四、听后回答问题：

（1）情景：晚上约翰回到宿舍看见了史密斯。

史：今天的足球比赛怎么这么长时间？

约：不，四点多就完了，高老师请我们去他家了。哎，你知道吗？高老师的妈妈很会做菜。

史：怎么？高老师请你们在他家吃饭了？

约：是啊！他妈妈做了几个菜，都很好吃。我以前还没有吃过这么好吃的菜呢。我想中国菜最好吃了。

史：是吗？下次看足球比赛我也去。

问：①足球比赛几点完的？

②约翰在哪儿吃的晚饭？

③史密斯也爱看足球比赛吗？

（2）情景：星期日下午，安娜在院子里遇见了张大夫。

安：张大夫，您休息呢？

张：是啊！

安：我想问您一个问题，可以吗？

张：不要客气，请说吧。

安：来中国以后，我胖了很多，现在差不多有八十多公斤了，您说该怎么办？

张：少吃饭，多运动。

安：我很爱吃中国菜，每星期都要去几次饭馆儿。在学校食堂吃饭，午饭晚饭都要吃两个菜。牛肉、羊肉、猪肉、鸡、鱼，我都爱吃。

张：肉可以吃，可是要少吃，应该多吃些素菜。你知道豆腐吗？豆腐很好吃，多吃点儿，也没关系，不会长胖。

安：我试试吧。别再胖了！

问：①安娜为什么着急？

②一个人要是不想太胖，应该多吃什么，少吃什么？

五、听录音，快速回答问题：

（1）你们国家有中国大使馆吗？

284

（2）同学们去你家玩儿，你欢迎吗？

（3）每年新年你给妈妈礼物吗？

（4）你们学校旁边儿有自选市场吗？

（5）从你的宿舍到教室路过哪些地方？

（6）你爱吃鱼还是爱吃鸡？

（7）你爱吃牛肉还是爱吃羊肉？

（8）你们学校每个屋子住几个学生？

（9）要是你有很多很多钱，你准备用这些钱做什么呢？

（10）阿里的家里每天晚上都有很多客人，他是一个好客的人，
　　你也是一个好客的人吗？

第 三 十 九 课

一, 语音练习:

（1）判出你听到的句子:

Ānnà yǒu cáihuá.

Zhāng Zǐqiáng mǎi yán.

Nǐ yào tāng ma?

Nà shì tāde qīzi bú shì?

Língling ài chī xiānyú.

（2）听后给下面的谚语注音:

①生命在于运动。　Shēngmìng zàiyú yùndòng.

②饭后百步走，活到九十九。　Fàn hòu bǎibù zǒu, huódào jiǔshíjiǔ.

③一懒生百病。　Yì lǎn shēng bǎi bìng.

④一日三笑，不用吃药。Yírì sān xiào, bú yòng chī yào.

（3）朗读上面的谚语。

二、听后给下面的句子标出句重音:

（1）五号跑得快。

（2）他骑得慢。

（3）这个队踢得不好。

（4）阿里汉语说得很好。

（5）他汉字写得怎么样?

（6）夏子乒乓球打得好，网球打得不好。

286

三、听下面的句子，并把它变成否定句：

（1）那个杂技团的节目很精彩。

（2）他太极拳打得真好。

（3）昨天晚上雨下得太大了。

（4）他排球、篮球、乒乓球都打得不错。

（5）阿里游泳游得非常快。

（6）琉璃厂离我们学校远得很。

四、听后回答问题：

（1）昨天晚上我们在宿舍里谈得真热闹。

问：昨天晚上他们在宿舍里做什么了？

（2）阿里喜欢长跑，每天早上起床以后都要跑二、三十分钟。

问：阿里的爱好是什么？

（3）上星期我买了一辆自行车，我觉得去近的地方骑自行车比较方便。

问：他为什么买自行车？

（4）打球、游泳、长跑、骑自行车，这些爱好都很好。

问：什么爱好好？

五、听后选择正确答案：

（1）情景：同学们在教室商量星期日去哪儿玩儿，高老师进来了。

高：　喝！屋里真热闹啊！

安娜：我们正商量星期日去哪儿玩呢。

高：　昨天下午在我家已经商量好了，去香山。怎么，有人不同意吗？

史密斯：香山我们去了两次了。我提议星期日不去香山，换个地方。

约翰：我同意。我们学校南边儿有个公园，有小山，有绿水，还有小城墙呢。

夏子：是吗？离学校远不远？

约：骑车二十多分钟。你骑得慢，三十分钟也能骑到。

夏子：我同意。

高：别人也同意吗？

安：我也同意约翰的提议。

问：①星期日他们去哪儿玩儿？

　　　　a．香山　b．学校南边的公园〇

　　②约翰的提议是什么？

　　　　a．去香山　b．去学校南边的公园〇

　　③学校南边的公园远不远？

　　　　a．不远〇　b．远

（2）听小相声《谈爱好》

A：您这是作什么呢？

B：打太极拳呢。这是我的爱好。打太极拳是一种最好
　　的体育运动。我别的不行，可是太极拳打得最好。

A：是吗？

B：你有什么爱好？

A：我喜欢长跑。

B：长跑好，长跑是一种最好的体育运动。我别的不行，
　　可是长跑跑得最快。

A：（对观众）您听见了没有？又一个"最"。（对B）我还
　　喜欢游泳。

B：游泳好。

A：（对观众）又来了。

A、B：游泳是一种最好的体育运动。我别的不行，可
　　　是游泳游得最好。

B：你也会说了。

A：跟你学的呀！

B：我的意思是各种体育运动都很好。一个人应该有多种爱好。

A：不错。

B：我告诉你，我的爱好多极了。

A：你说说。

B：我喜欢游泳、打球、爬山、长跑；我喜欢吃中国菜，喝北京啤酒；还喜欢晚上跳舞，上午睡觉……

A：什么？什么？这晚上不睡，早上不起也是爱好？

B：这个爱好差点儿。

A：这不叫爱好，叫恶习。

B：对，是饿习，饿了不学习。

A：什么呀！恶习，是一种不好的习惯。你一定要改改。

B：改，改，今天晚上就改。错了就改，这是一种好习惯。我别的不行，知错就改，我作得最好。

A：行了，行了，又来了。

问：①两个人见面时，一个人在作什么？

　　　a．游泳　b．打太极拳〇　c．长跑

②一个人应该有多种爱好，对不对？

　　　a．对〇　b．不对

③什么叫恶习？

　　　a．饿了不学习

　　　b．不好的习惯〇

六、听录音，快速回答问题：

（1）你喜欢踢足球吗？

（2）你们班谁跑得最快？

（3）你喜欢体育运动吗。

（4）你喜欢什么体育运动？

（5）你的爱好是什么？

（6）你们国家谁网球打得最好？

（7）你会打太极拳吗？

（8）我提议，咱们每天早上六点起床去操场跑步，你同意吗？

（9）你想什么地方最热闹？

（10）你喜欢晴天还是阴天？

第 四 十 课

一、语音练习：

（1）划出你听到的短句：

Tā hěn kèqi.

Wǒ zài kàn shū.

Dōngdong cóng Shǎnxī lái.

Tā kāi yàofāng.

Yíliè huǒchē kāilai le.

（2）听后给下面的古诗注音：

悯 农	Mǐn nóng
锄禾日当午，	Chú hé rì dāng wǔ,
汗滴禾下土；	Hàn dī héxià tǔ;
谁知盘中餐，	Shuí zhī pánzhōng cān,
粒粒皆辛苦。	Lìlì jiē xīnkǔ.

（3）朗读上面的诗。

二、听后用"一边…一边…"把两句话变为一句话：

例：他听音乐。他写汉字。──→他一边听音乐一边写汉字。

（1）他吃饭。他看报。──→他一边吃饭一边看报。

（2）他走。他说。

（3）我们喝咖啡。我们谈话。

（4）他在美国教汉语。他在美国学习英语。

（5）大家看课文。大家听录音。

（6）张老师吃饭。张老师回答我们的问题。

三、听下面的句子，判断句义的解释是否正确：

(1) 这是我们吃饭的桌子。

意思是：我们吃饭的时候用这张桌子。〔√〕

(2) 那是我爱人从四川买来的酒。

意思是：那酒是我爱人去四川的时候在那儿买的。〔√〕

(3) 他们一边喝酒一边谈话。

意思是：他们也许喝酒，也许谈话。〔×〕

(4) 妈妈说："饭做好了。大家吃饭吧。"

意思是：饭做得很好，大家请吃吧。〔×〕

(5) 这些东西好拿，你别着急，我们帮助你。

意思是：这些东西好，你不要着急，我们帮助你。〔×〕

(6) 这个孩子真好玩儿。

意思是：这个孩子很有意思，大家都喜欢他。〔√〕

(7) 我觉得这种汽水儿很好喝。

意思是：这种汽水儿好，我喜欢喝。〔×〕

(8) 今天的练习好做。

意思是：今天的练习好，我可以做。〔×〕

(9) 这种衣服很不好买。

意思是：这种衣服不好，我不买。〔×〕

(10) 我们家吃饭用的桌子跟刘春华家的不一样，是圆的。

意思是：刘春华家的桌子是圆的，我们家的桌子不是圆的。〔×〕

四、听后选择正确答案：

(1) 情景：郑教授请约翰、阿里、夏子在家里吃饭。

郑：大家别客气，随便吃。阿里，你尝尝这个菜怎么样？是羊肉做的。

阿里：真好吃。

约翰：郑教授，这种很圆的东西叫肉球吗？非常好吃。

郑：不，叫丸子，是用猪肉做的。

夏子：啊，那个菜真好看，红的、黄的、蓝的、白的，跟一个花篮儿一样。这些菜是您爱人做的吗？

郑：不，是我女儿做的。我爱人去南京了，不在家。（向厨房）玲玲，都做好了吗？你也来吧。

玲玲：都做好了，马上就来。

夏子：玲玲，你快来。来，请坐这儿。太好了，你的菜做得真好吃。朋友们，我们谢谢玲玲，和玲玲干杯！

阿里：干杯！

约翰：干杯！

玲玲：朋友们太客气了。我做得不好，你们凑合吃吧。我哥哥做的菜才叫真正的中国菜呢。他和母亲从南京回来以后，欢迎你们再来尝尝他做的菜。

阿里、约翰、夏子：我们一定来。谢谢你的邀请。

问：①约翰喜欢吃的那种圆的东西叫什么菜？

　　a．肉球　　b．圆菜　　c．丸子○

　　②他们在郑教授家吃的菜怎么样？

　　a．很好看　　b．很好吃

　　c．又好看又好吃○

　　③郑教授家谁做菜做得最好？

　　a．郑教授　　b．郑教授的爱人

　　c．郑教授的儿子○　　d．郑教授的女儿

（2）情景：安娜和夏子在宿舍谈话。

安娜：你怎么刚回来？

夏子：郑教授邀请我去他家吃饭了。他们做了很多菜，又好看又好吃。今天我吃得太饱了。

安娜：中国人吃饭的习惯跟日本人一样吗？

夏子：差不多，可能跟你们美国人很不一样。

安娜：是啊，我们吃饭用刀子、叉子、勺子，你们用筷子。在我们那儿，菜来了，**大家分**，每个人往自己盘子里盛一点儿。

夏子：我们那儿先分好，菜来了，不用再分，自己吃自己的。

安娜：中国人吃饭，菜都放在桌子中间儿，大家一起吃。哎，有一点儿我不懂。为什么中国人请客人吃饭做菜，常常吃不完，吃饭的时候，他们往你的盘子里放菜，让你多吃，你说吃饱了，他们还说，再吃一点儿吧。真有意思。

夏子：我听说，这也是中国人的一种习惯。你吃得多，说明他们做的菜好吃，他们就高兴。

安娜：这跟我们的习惯太不一样了。

夏子：哟，快九点了，我该洗澡去了。以后再谈吧。

问：①安娜是哪国人？

　　a. 日本人　b. 美国人〇　c. 中国人

　　②中国人吃饭的习惯跟美国人一样吗？

　　a. 一样　b. 差不多　c. 不一样〇

　　③中国人为什么让客人多吃？

　　a. 菜很多　b. 客人吃得多，他们高兴〇

五、听录音，快速回答问题：

　（1）你会用筷子吃饭吗？

　（2）你的桌子是长方的还是圆的？

　（3）你吃饭用盘子吗？

　（4）你喜欢喝什么酒？

　（5）你觉得米饭好吃还是馒头好吃？

　（6）我的习惯是一边吃饭一边喝汤，你呢？

（7）你会做饭吗？

（8）你会做中国菜吗？

（9）你最爱吃中国菜，还是日本菜，还是法国菜？

(10)中国人吃饭的习惯跟你们国家的人一样吗？

第 四 十 一 课

一、语音练习:

(1)边听边给下面的绕口令注音:

牛牛要吃河边柳,	Niúniu yào chī hébiān liǔ,
姐姐赶牛牛不走,	Niǔniu gǎn niú niú bu zou,
姐姐护柳扭牛头,	Niǔniu hù liǔ niǔ niú tóu,
牛牛扭头瞅姐姐,	Niúniu niǔ tóu chǒu niǔniu,
姐姐扭牛牛更拗,	Niǔniu niǔ niú niú gèng niǔ,
牛牛要顶小姐姐,	Niúniu yào dǐng xiǎo niǔniu,
姐姐捡起小石头,	Niǔniu jiǎnqǐ xiǎo shítou,
吓得牛牛扭头走。	Xiàde niúniu niǔ tóu zǒu.

(2)读上面的绕口令。

(3)听写:

① Tāngmǔ fāxiàn Zhōngguórén jiànmiàn dǎ zhāohu de shíhour hěn shǎo shuō "Nǐ hǎo".

② Chénglǐ dà shāngdian duō, dōngxi yě quán, suǒyǐ wǒ chángcháng jìn chéng mǎi dōngxi.

③ Wǒ hěn xiǎng liǎojiě xiànzài Zhōngguó de qíngkuàng, nín néng bu néng gěi wǒ jièshàojieshao?

④ Tāmen dōu shì wàiguó liúxuéshēng, duì zhèli de qìhou hái bù xíguàn, gǎnmào hé nào dùzi de rén bǐjiào duō.

⑤ Kànwán huàjù cóng jùlèbù chūlai yǐhòu, wǒ qù yóujú

dǎle ge diànhuà, hòulái yòu dào fàndiàn kànle ge
péngyou, cái zuò chē huí xuéxiào.

二、用你听到的词语说一句话：

例：从，来——→他从城里来。

(1)从，出来　　(2)从，开始　　　(3)从，离开

(4)对，喊　　　(5)对，笑　　　　(6)对，不习惯

(7)给，打电话　(8)给，倒酒　　　(9)给，翻译

(10)跟，告别　　(11)跟，打招呼　 (12)跟，约会

(13)向，拐　　　(14)向，借　　　 (15)向，走

三、听下面的句子，听后选择正确答案：

(1)在中国，有些问话不是问问题，是打招呼，不用回答。

问：什么样的话不用回答？

a．问话　b．问题　c．打招呼的话〇

(2)晚饭以后，我去操场散步，正好王老师也在散步，他向
我介绍了学校的情况。

问：谁介绍了学校的情况？

a．他　b．他们　c．王老师〇

(3)那两个年轻人不是爱人关系，是哥哥和妹妹的关系。

问：那两个年轻人是男的还是女的？

a．都是男的　b．一个是男的，一个是女的〇

c．都是女的

(4)在北京我有几个中国朋友，比如：刘天华、李大年、贾
红春等人都是我的好朋友。

问：他有几个好朋友？

a．有三个　b．可能有四五个〇

c．可能十几个

四、听后选择正确答案：

(1)情景：史密斯吃完晚饭回到宿舍，和阿里谈话。

史：刘天华可能想请我吃饭。

阿里：是吗？

史：我今天吃完晚饭在路上遇见了刘天华，他问我："吃饭了没有？"我要是没吃饭，他会请我去吃饭吧？

阿里：不一定。

史：为什么？

阿里：中国人在吃饭的时间见了面说"吃饭了没有"是打招呼，不是真的想知道你吃没吃饭，或者要请你吃饭。

问：刘天华想请史密斯吃饭吗？

a．想　b．不一定○

（2）情景：王老师带着儿子小华散步回来，在楼前遇见了刘师傅。

王：刘师傅，您吃了没有？

刘：哟，王老师。您刚下班啊？

王：不，我们散步去了。小华，叫刘爷爷。

小华：刘爷爷。

刘：好孩子。小华，跟爸爸散步，吃冰淇淋了没有？

小华：吃了，还喝了一瓶汽水儿呢。

王：小华，八点多了，回家让妈妈给洗洗，准备睡觉吧。

小华：刘爷爷，再见。

刘：再见。王老师，我那孩子中学快毕业了，可是学习不好，我很着急。您能给他介绍一下学习方法吗？

王：可以。可是我觉得最主要的是他得喜欢学习。我发现他下课后常常和一些同学去冷饮店，跟他关系好的几个学生学习都不好。

刘：是吗？我一点儿也不知道。他们一起喝酒吗？

王：没听说喝酒。可是他们在那儿常常要坐三四个小
　　时，没时间学习呀！
问：①他们说话的时候是什么时间？
　　a．早上　b．中午　c．晚上〇
　　②你估计王老师的儿子多大了？
　　a．是个大孩子，在中学学习。
　　b．是个小孩子，可能四五岁。〇
　　③刘师傅的孩子学习怎么样？
　　a．他喜欢学习，学习不错。
　　b．他不喜欢学习，学习不好。〇
　　④刘师傅的孩子下课以后常常作什么？
　　a．跟同学去散步
　　b．跟同学去冷饮店〇

五、听录音，快速回答问题：
　（1）你从哪儿来的？
　（2）你喜欢散步吗？
　（3）你们学校在城里还是在城外？
　（4）在这个学校你的熟人多不多？
　（5）听说夏子有病回国了，你知道她现在的情况吗？
　（6）今天来学校的路上，你遇见阿里了没有？
　（7）你的衣服自己洗还是送到洗衣店去洗？
　（8）你估计今天晚上会不会下雨？
　（9）你发现中国人的习惯跟你们有什么不一样吗？
　（10）你们国家的人见了面怎么打招呼？

第 四 十 二 课

一、语音练习:

(1)听后给下面的谚语注音:

①鱼好吃，腥难闻。　　Yú hǎochī, xīng nánwén.

②酒是冬天的火。　　Jiǔ shì dōngtiān de huǒ.

③酒吃头杯，茶喝二盏。　　Jiǔ chī tóubēi, chá hē
　　　　　　　　　　　　　　èrzhǎn.

④先尝后买，才知好歹。　　Xiān cháng hòu mǎi, cái zhī
　　　　　　　　　　　　　　hǎodǎi.

⑤一菜难合百人口味。　　Yí cài nán hé bǎi rén kǒuwèi.

(2)听写:

　　Běijīng de xiǎochī hěn yǒumíng, wǒ měicì dào Běijīng
dōu yào qù xiǎochīdiàn chī xiǎochī.

　　Wǒ juéde zuì hǎo de xiǎochīdiàn shì Huímín kāi de
xiǎochīdiàn. Huímín xiǎochīdiàn de xiǎochī yòu piányi yòu
hǎochī, érqiě zhǒnglèi yě hěn duō. Běijīng Wángfǔjǐng
běibiānr yǒu ge xiǎochīdiàn hěn yǒumíng, yǐjīng yǒu èrbǎi
duō nián de lìshǐ le. Nín xiàcì guàng Wángfǔjǐng guàng lè,
le, kěyǐ qù nàr chángchang xiǎochī. Nín yídìng huì mǎnyì de.

二、句重音练习:

听下面的句子，标出"过"是轻读还是重读，并标出句重音:

(1)他们过了马路，进了邮局。

(2)我去过那个小吃店。

300

（3）他还没有作完练习，过一会儿我们再去找他吧。

（4）约会的时间已经过了半个小时了，她还没到。

（5）你下车以后，往东走，过马路，就是人民剧场。

（6）那本书我看过三遍，过一会儿我洗完衣服给你讲讲。

三、听后用"次"或"遍"回答问题：

（1）阿里去过敦煌吗？

（2）约翰看过《中国菜谱》这本书吗？

（3）安娜看过中国杂技没有？

（4）他吃过四川菜没有？

（5）史密斯看过中国电影没有？

（6）昨天的课文录音汤姆听过没有？

四、听句子，听后回答问题：

（1）学校附近的自选市场很大，东西很多。

　　　问：自选市场离学校远不远？

（2）今天我们去小吃店吃得很满意。

　　　问：他们喜欢小吃吗？

（3）我在中国一边教英语一边学汉语，所以又是老师又是学生。

　　　问：他在中国作什么？

（4）星期日我们先去颐和园游泳，然后再去香山爬山。

　　　问：他们去不去爬山？

（5）玲玲离开北京到广州以后，不常给我写信，所以她的情况我不太清楚。

　　　问：他知道不知道玲玲的情况？

五、听后选择正确答案：

（1）情景：汤姆跟李大年在小吃店吃饭。

　　李：汤姆，今天我请客。你要点儿什么？

　　汤：我没吃过小吃，不知道什么好吃，你要吧。

李：好，我去买。你先找地方坐下。

　　　（过了一会儿，李大年买回来几盘儿小吃。）

汤：你买了这么多，吃得了吗？

李：不多，才五种。这三盘儿是甜的，另外两盘儿是咸的，你都尝尝。

汤：这种圆的叫什么？真好吃。

李：炸糕。这种方的是油饼，长的是麻花儿。

汤：这些是什么？

李：这是老豆腐，那是杏仁茶。一种是咸的，一种是甜的。怎么样？满意吗？

汤：果然很好吃。这么好吃的东西一定很贵吧？

李：不贵，小吃都很便宜。有的几分钱一个，贵的也只要一两毛钱，所以北京人很喜欢在小吃店吃早饭。

汤：中国有学习做小吃的学校吗？

李：有。你想学习吗？

汤：我明年不去北大学习哲学了，我要学习做小吃，把北京的小吃介绍到美国去。美国人一定会欢迎北京小吃的。

问：①以前汤姆来过小吃店没有？

　　　a．来过　　b．没来过○

　　②李大年买了几种小吃？

　　a．两种　　b．五种○　　c．三种

　　③北京人为什么喜欢小吃？

　　a．好吃　　b．便宜　　c．又便宜又好吃○

　　④汤姆打算明年学习什么？

　　a．哲学　　b．做小吃○

（2）情景：史密斯和约翰在宿舍谈话。

　　史：约翰，在北京，你最爱去什么地方？

约：我最爱去公园，你呢？

史：饭馆儿。北京比较有名的饭馆儿我差不多都去过。

约：北京烤鸭店去过吗？

史：去过，我到北京后第一次去的就是烤鸭店。

约：烤鸭好吃不好吃？

史：太好吃了。我吃了烤鸭才知道为什么好几个国家都开了中国烤鸭店。

约：听说北京的小吃也很有特色。

史：可不是。来中国以前，我也常去中国饭馆儿吃饭，可是没看见过卖小吃的，所以到了北京，我觉得很新鲜，小吃又便宜又好吃。北京人最爱去小吃店吃早饭。每天早上，小吃店里的人都很多。

约：我看过一本书叫《北京的小吃》。书上说，有些小吃店已经有一二百年的历史了。

史：是啊，琉璃厂西边有个地方叫菜市口，菜市口有个小吃店就比较有名。这星期日咱们俩去逛琉璃厂，然后去吃小吃，怎么样？

约：太好了。以后北京有名的小吃店我都要去尝尝。

问：①史密斯最爱去什么地方？

a．公园　b．小吃店〇

②为什么好几个国家都开中国烤鸭店？

a．烤鸭又便宜又好吃　b．烤鸭好吃〇

③约翰吃过北京小吃没有？

a．吃过　b．没吃过〇

④星期日他们要去哪儿？

a．琉璃厂　b．菜市口

c．先去琉璃厂，然后去菜市口。〇

六、听录音，快速回答问题：

303

（1）你吃过小吃没有？

（2）你常去饭馆儿吃饭吗？在饭馆儿吃饭是先交钱开票还是后交钱？

（3）你看过中国电影吗？看过几次？

（4）你们学校的食堂有菜谱吗？

（5）今天老师讲的语法你清楚不清楚？

（6）你们学校附近有没有小吃店？

（7）北京有哪些有名的公园？你去那些公园逛过没有？

（8）昨天的课文录音你听了几遍？

（9）你对食堂的饭菜满意不满意？

（10）你逛过琉璃厂没有？

第 四 十 三 课

一、语音练习：

1. 听后给下面的古诗注音：

<table>
<tr><td>秋　思</td><td>Qiū Sī</td></tr>
<tr><td>洛阳城里见秋风，</td><td>Luòyáng chéng lǐ jiàn qiū fēng,</td></tr>
<tr><td>欲作家书意万重。</td><td>Yù zuò jiāshū yì wàn chóng.</td></tr>
<tr><td>复恐匆匆说不尽，</td><td>Fù kǒng cōngcōng shuō bú jìn,</td></tr>
<tr><td>行人临发又开封。</td><td>Xíngrén lín fā yòu kāi fēng.</td></tr>
</table>

（2）朗读上面的诗。

（3）听写：

Shǐmìsī jīntiān yào hé Mǎlì yìqǐ qù Wūlǔmùqí lǚxíng.
Tāmen zuò de huǒchē shì zhōngwǔ shíèrdiǎn sìshíwǔ kāi.
Xiànzài yǐjīng kuài shíyīdiǎn le, kěshì tā hái tǎngzài chuángshang
chōu yān.

Shíyīdiǎnzhōng Mǎlì lái zhǎo tā, kàndào tā hái méi
zhǔnbèihǎo xínglǐ, hěn zháojí. "Nǐ bú qù lǚxíng le ma?" Mǎlì
wèn. "Qù, liǎngdiǎn èrshí de huǒchē, bù zháojí." "Shénme?
Liǎngdiǎn èrshí? bú duì, shì shíèrdiǎn sìshí!" Mǎlì hǎn le
qǐlai. "Zāogāo, wǒ jìcuò shíjiān le."

Mǎlì yìbiān shuō: "Kuài, kuài!", yìbiān bāngzhù tā zhuāng
dōngxi. Shǐmìsī de dōngxi zhǔnbèihǎo le yǐhòu yǐjīng shíyīdiǎn
bàn le.

Nǐmen cāicai tāmen néng gǎnshang huǒchē ma?

二、用你听到的词语说一句话，并将"着"放在句中：

　　例：拿，书——→他手里拿着两本书。

　　（1）装，衣服

　　（2）提，旅行袋

　　（3）吃，葡萄

　　（4）下，雨

　　（5）戴，蓝帽子

　　（6）装，杂志

　　（7）放，鞋

　　（8）停，汽车

三、听下面的句子，听后回答问题：

　　（1）箱子里装着一条毯子和几件衣服。

　　　　问：箱子里有什么？

　　（2）他躺在床上一边抽着烟，一边听音乐。

　　　　问：他正在作什么呢？

　　（3）他的床上放着一些书和杂志。

　　　　问：他的床上有什么？

　　（4）你别在床上躺着了，快起来吧。

　　　　问：他现在在哪儿呢？

　　（5）今天晚上我得复习语法，明天就要考试了。

　　　　问：今天晚上他不复习语法，可以吗？

四、听后选择正确答案：

　　（1）情景：汤姆在路上遇见了约翰。

　　　　汤：约翰，你去哪儿？

　　　　约：我去小卖部买烟。

　　　　汤：你这么瘦还抽烟。

　　　　约：不抽不行啊。我们下星期考试，今天晚上我要准备准备。我有个习惯，一边抽烟一边看书,才能记住。
另外，还想买把牙刷、一块香皂。

汤：你的习惯不好。我有两张京剧票，你看不看？

约：京剧？我最爱看京剧。什么京剧？

汤：《孙悟空》，就是孙猴子的故事。

约：太好了！来中国以前就想看《孙悟空》，一直没看上。
现在走晚不晚？

汤：你不复习课文了吗？

约：没关系，这个星期日我不出去玩儿，在宿舍复习一
天。你等我一会儿，我还得买胶卷儿，今晚好好照
几张。你先回宿舍拿照相机好吗？

汤：不着急。你买完东西我们一块儿去拿吧，还有四十
分钟呢。

约：几点开演？剧场远不远？

汤：七点开演。剧场就在我们宿舍东边儿。

约：你说的是学校的礼堂啊！

汤：哈哈。

问：①你估计约翰在小卖部买什么？

　　a．烟　　b．烟、胶卷○　　c．京剧票

②约翰的习惯是什么？

　　a．一边抽烟一边看书○　　b．看京剧

③约翰今天晚上作什么？

　　a．复习课文，准备考试。　　b．看京剧○

④他们谈话的时候是几点？

　　a．六点多钟○　　b．七点

（2）我发现我的朋友小王这几天走路、坐车、上商店、逛公
园的时候，手里都要拿着一本书，真有意思。以前他不
这样，现在他爱学习了。昨天我问他，他说："我想做个

爱看书的人，我先要有爱拿书的习惯。先当一个爱拿书的人，以后才能当一个爱看书的人。

问：他发现了什么？

　　a．他朋友小王是个有意思的人。

　　b．小王走路、坐车、上商店、逛公园都要拿本书。〇

　　c．小王是个爱看书的人。

（3）今天街上的人特别多。星期天人们喜欢上街，可是今天不是星期天，为什么街上也有这么多人呢？原来今天是小学、中学开学的日子。街上的学生很多，个个都很高兴。刚上学的小孩子，穿着新衣服，拿着新书包，爸爸妈妈带着他们高兴地往学校走。

问：今天街上为什么人很多？

　　a．今天是星期天。

　　b．人们喜欢上街。

　　c．小学、中学开学了。〇

五、听录音，快速回答问题：

（1）北京的冬天冷不冷？去外边儿不穿大衣行不行？

（2）你喜欢旅行吗？你去过哪些国家？

（3）今天上课，你来晚了没有？几点到的？

（4）你抽烟不抽烟？

（5）你书包里装着词典没有？我想看看。

（6）你喜欢戴帽子吗？

（7）你有躺着看书的习惯吗？

（8）你一般早上几点醒？你醒了以后马上起床还是再躺一会儿才起来？

（9）来中国的时候，你带的行李多不多？

（10）谁手里拿着钢笔呢？

第四十四课

一、语音练习：

（1）边听边给下面的绕口令注音：

白石搭白塔，	Bái shí dā bái tǎ,
白塔白石搭，	Bái tǎ bái shí dā,
搭好白石塔，	Dāhǎo bái shí tǎ,
石塔白又大。	Shí tǎ bái yòu dà.

（2）读上面的绕口令。

（3）听写：

Shǐmìsī hé Mǎlì dàole chēzhàn, lí kāi chē de shíjiān zhǐyǒu wǔfēnzhōng le. Tamen cōngmáng de pǎodào yìjié chēxiāng mén qián, bǎ chēpiào jiāogěi lièchēyuán. Lièchēyuán kàn le kàn, yòu bǎ piào huángěile tāmen. Yīnwèi tāmen de piào shì yìngwò chēxiāng de piào, zhè jié chēxiāng shì yìngzuò chēxiāng, tāmen shàngcuò le.

二、用你听到的词语说一句话，并将"把"放在句中：

例：车票，交，列车员──→他把车票交给了列车员。

（1）书包，递，我

（2）帽子，挂，衣帽钩

（3）箱子，放，卧铺

（4）胶卷儿，装，旅行袋

（5）书，还，图书馆

（6）牙刷和香皂，装，书包

（7）咖啡，喝

（8）脏衣服，洗

三、听下面的句子，选择与句子意思一致的解释。

（1）史密斯先生说："列车员同志，我自己来吧。"

史密斯的意思是：

a。他自己要到这儿来。

b。他自己作，不要列车员帮助。〇

（2）咱们快跑，马上要开车了。

这句话的意思是：

a。快跑，咱们马上要开车。

b。我们得快跑，车马上就要开了。〇

（3）他把旅行袋装在书包里了。

这句话的意思是：

a。现在旅行袋在书包里。〇

b。现在书包在旅行袋里。

（4）阿里替夏子背着旅行袋，夏子替阿里提着书包。

这句话的意思是：

a。阿里帮助夏子。

b。夏子帮助阿里。

c。阿里和夏子互相帮助。〇

（5）那本书我看完以后借给了安娜，安娜看完以后还给郑老师了。

这本书是：

a。我的　b。安娜的　c。郑老师的〇

（6）安娜问："阿里，你把刚买回来的梨放在哪儿了？"

a。在这个时候，安娜在找阿里。

b。在这个时候，安娜在找东西。〇

四、听后回答问题：

（1）情景：玲玲在北京火车站买票。

玲玲：同志，我买两张十一号去上海的硬卧车票。

售票员：你要哪次的？13 次 还是 21 次？

玲：13 次 和 21 次都什么时候到上海？

售：13次明天七点四十二分到上海，21次明天下午四点五十六分到上海。

玲：我坐 21 次的吧，要下铺的。

售：好，三十六块三毛钱，请交钱吧。

问：①玲玲坐哪次车去上海？

　　②她到上海的时候是几点？

　　③去上海的硬卧车下铺票多少钱一张？

（2）情景：刘天华和玲玲刚上了火车，在放行李的时候，列车员来了。

列：同志，请您不要把行李放在这儿，这儿要走路的。

刘：我们刚上火车很匆忙，我马上就把箱子和旅行袋放到行李架上去。

列：箱子太重，放在卧铺下边儿吧。那个大书包是谁的？请不要挂在衣帽钩上。

玲：是我的。

列：你把书包递给我，我替你放到行李架上去。

玲：不太重，我自己来吧。

列：你们俩要不要茶杯？

玲：不要，我们自己带了。餐车在几号车厢？

列：在前面的 8 号车厢，午饭从十一点半到一点，晚饭从五点到七点半。

问：①他们刚上车的时候，把行李放在哪儿了？

　　②后来，他们把箱子放在哪儿了？旅行袋呢？

　　③谁把大书包挂在衣帽钩上了？

④他们准备去餐车吃饭吗？

（3）1877年4月1日，英国乔治亲王给他的奶奶维多利亚女王写了一封信，信中写的是：

"亲爱的奶奶：

　　昨天，我在商店看到一个很好看的玩具。我想买这个玩具，但是我没有钱。您能寄给我一英镑钱吗？

　　　　　　　　您的孙儿　乔治"

维多利亚女王收到乔治的信以后，写了一封回信：

"亲爱的孩子：

　　你自己不能随便用钱买玩具，你还不知道各种东西的价值。

　　　　　　　　你的奶奶　维多利亚"

过了几天，小乔治又给奶奶写了一封回信：

"亲爱的奶奶：

　　我非常感谢您。我把您的信卖给了一家书店，他们给了我两英镑。您看，我已经知道各种东西的价值了。

　　　　　　　　您的孙儿　乔治"

问：①乔治为什么给奶奶写信？
　　②维多利亚女王给乔治钱了没有？
　　③乔治的两英镑钱是怎么来的？

五、听录音，快速回答问题：

（1）昨天的练习你交给老师了没有？

（2）你在中国坐过火车没有？

（3）夏子病得很重，你把她背到楼下的车上去好吗？

（4）昨天的练习是你自己作的还是别人替你作的？

（5）你交给老师的本子，老师还给你了没有？

（6）请把你的书递给我看看，好吗？

（7）你们教室的墙上有衣帽钩吗？

（8）安娜和约翰他们俩今天来没来？

（9）你把词典拿来了没有？

（10）下课以后，你帮我把录音机提回去，怎么样？

第四十五课

一、语音练习：

（1）听后给下面的古诗注音：

　　　还自广陵　　　　　Huán zì Guǎnglíng

天寒水鸟自相依，　　Tiān hán shuǐniǎo zì xiāngyī，

十百为群戏落晖。　　Shí bǎi wéi qún xì luòhuī，

过尽行人都不起，　　Guòjìn xíngrén dōu bù qǐ，

忽闻水响一齐飞。　　Hū wén shuǐ xiǎng yìqí fēi。

（2）朗读上面的诗。

（3）听写：

　　Hěn duō rén xǐhuan hē chá, dànshì hē chá de xíguàn bù
yíyàng. Yǒude rén ài hē lǜchá, yǒude rén ài hē huāchá, hái
yǒude rén ài hē hóngchá. Ài hē hóngchá de rén, yǒude hái
xǐhuan jiā niúnǎi hé táng.

　　Yǒude rén rènwéi huāchá zuì xiāng, yǒude rén rènwéi
lǜchá zuì xiāng, yě yǒude rén rènwéi hóngchá zuì xiāng.
Rénmen de xíguàn bù yíyàng, xiǎngfǎ yě jiù bù yíyàng le.
Yǒu méi yǒu bù xǐhuan hē chá de rén ne? Yǒu, zhè yě shì
xíguàn wèntí.

二、用你听到的词语说一句话，并将"着"放在句中：

　　例：躺，着——他躺着看书。

　　　　（1）坐，谈　　　　　（2）提，送

　　　　（3）喝，看　　　　　（4）吃，听

314

（5）笑，说　　　　　　　（6）听，洗
（7）抽，写　　　　　　　（8）骑，去

三、听下面的句子，听后选择正确答案：

（1）列车员提着壶送开水来了。

问：列车员干什么来了。

a．提壶来了　b．送开水来了○

（2）他们俩在门口儿站着谈话。

问：他们俩在作什么？

a．在门口儿　b．站在门口儿　c．在谈话○

（3）我喜欢喝茶，红茶、绿茶、花茶都喜欢，特别是花茶，非常香。

问：他最喜欢喝什么茶？

a．红茶　b．绿茶　c．花茶○

（4）安东先生说："东方人喜欢喝茶，西方人喜欢喝咖啡。可是我不喜欢喝咖啡，我喜欢喝茶。"

问：安东先生是不是中国人？

a．是　b．不是○

四、听后选择正确答案：

（1）世界上第一个发现茶的国家是中国。喝茶已经是一般中国人的一种习惯了。客人来了，人们常常用茶、烟、糖来招待。中国地方大，人多，人们喝茶的习惯也不一样。北方人爱喝花茶，南方人爱喝绿茶，还有的地方的人爱喝奶茶。奶茶就是在茶水里放上牛奶或者羊奶。

早在一千五百多年以前，中国的茶叶就开始运往国外。很多国家语言里的"茶"，都是从汉语里的"茶"或者"茶叶"这个音翻译过去的。日语里的"茶"字是汉字的"茶"。英语中的"茶"这个词，是从中国厦门人"茶"的音 te 来的。

问：①世界上第一个发现茶的是哪个国家？
　　a．中国○　b．日本　c．英国
　　②中国南方人一般爱喝什么茶？
　　a．花茶　b．绿茶○　c．奶茶
　　③英语中的"茶"这个词是从哪种语言来的？
　　a．日语　b．汉语○

（2）情景：安娜在路上遇见了汤姆。

安娜：汤姆，你晚上去不去看话剧？

汤姆：什么话剧？

安：《茶馆》，写的是几十年以前，在北京一个茶馆儿里发生的各种故事。这个话剧可以使我们知道很多旧中国的情况和那时候北京人的一些风俗、习惯。这是中国很有名的一个话剧。我在德国看过他们演过一次。可是那时候我一句汉语也不懂。现在我学了一点儿汉语，我想再去看一次。

汤：北京有音乐茶座儿没有？

安：我不知道。

汤：在茶座儿喝着茶、吃着点心听音乐，那才有意思呢。

安：那你去不去看话剧？你要是不去，我就把票送给史密斯了，我只有两张票。

汤：去。没有音乐茶座儿，茶馆也可以。

安：那你今天晚上可不能又吃点心又喝茶了。

安、汤：（笑）哈哈……

问：①安娜晚上去作什么？
　　a．看话剧○　b．去茶馆儿
　　②安娜以前看过《茶馆》没有？
　　a．看过，在北京　b．看过，在德国○
　　③汤姆晚上去不去看话剧？

316

　　　　　ɑ．去○　b．不去
五、听录音，快速回答问题：
　　（1）你爱看小说吗？
　　（2）你看过中国小说吗？
　　（3）你家对面是不是商店？
　　（4）你去商店的时候，帮我买盒烟好吗？
　　（5）你喜欢喝什么茶？
　　（6）你去过茶馆儿吗？
　　（7）你去过音乐茶座儿吗？
　　（8）你觉得咖啡香还是茶香？
　　（9）你会下棋吗？
　　（10）你的桌子上摆着什么呢？

第四十六课

一、语音练习：

（1）边听边给下面的句子注音：

①请勿吸烟　　　Qǐng wù xī yān

②随手关门　　　Suí shǒu guān mén

③闲人免进　　　Xiánrén miǎn jìn

④小心火车　　　Xiǎoxīn huǒchē

（2）读上面的句子。

二、听写练习：

（1）写句子：

① Nǐ bǎ yīfu kòuzi kòuhǎo.

② Nín bǎ máoyī tuōxiàlai ba.

③ Nǐ bǎ chuāngliánr lākāi.

④ Tā bǎ guǒpí nákāi le.

⑤ Wǒ **bǎ** màozi zhāixiàlai.

（2）听短文。请写下你听到的时间、地点和人名。

李白是中国有名的诗人，他是唐朝人，生在碎叶，长在四川。二十五岁那年，他离开四川去中国各地旅游。他写了很多诗，他的诗，有的是描写景色的，有的是描写人民生活的。李白的诗很有特色，他是中国古代最伟大的诗人之一。

三、听下面的句子，听后回答问题：

（1）阿里给安娜的妈妈打了个电报，告诉她安娜病了。

318

问：谁打电报了？

（2）现在已经七点五分了，史密斯说不定不来了。

问：史密斯来不来？

（3）这件毛衣一点儿也不难看。

问：这件毛衣好不好？

（4）妹妹担心爸爸没有接到我的信，不来车站接我。

问：谁写信了？

四、听后选择正确答案：

（1）情景：一个老大爷在火车上，他快要下车了。

列车员：老大爷，下一个停车站就是南京。您别下棋了，准备下车吧。您带了这么多东西，下车以后有人接吗？

老大爷：有，我已经给儿子打电话了，他和女儿来接我，说不定他们已经在站台等我了。小伙子，咱们别下了。来，把桌子上的果皮收拾一下。

小伙子：老大爷，您快收拾自己的东西吧。桌上的果皮我一会儿再收拾。您先把茶叶盒儿装到书包里，别忘了。南京天气暖和，您把毛衣脱了，放在箱子里吧。

老大爷：对，对。小伙子，到上海得几点？

小伙子：这趟车提前了几分钟，大概九点就能到。您以后到上海，去我家玩儿啊。

老大爷：好，好。这一路上没少麻烦你，太谢谢了。

小伙子：没什么。衣帽钩上的帽子是您的吧？您戴上吧。

列车员：南京到了，有在南京下车的旅客，请带好自己的东西准备下车。

老大爷：小伙子，再见了！

小伙子：老大爷，我帮您把旅行袋拿下去吧。

问：①老大爷去什么地方？
　　　a．南京○　b．上海
　　②小伙子在哪儿下车？
　　　a．南京　b．上海○
　　③老大爷下车后有没有人接他？
　　　a．有，他给儿子打电话了。○
　　　b．有，他给女儿打电报了。

（2）情景：早上，妈妈叫李大年起床。

妈妈：（敲门）大年，醒了没有？大年，该起了！

大年：天还没亮呢，我再睡一会儿。

妈妈：（进门）快七点了。窗帘儿没拉开，天怎么亮呢？
　　　你还去不去长城了？（拉开窗帘儿）

大年：（边说边起床）快七点了？糟糕！我和小华约好七
　　　点半在汽车站见面。妈，您帮我把水果放到我的
　　　书包里，再给我装几块蛋糕。快，快！

妈妈：带钱了吗？

大年：哟，差点儿忘了。

妈妈：看你，衣服扣子还没扣上呢。

大年：照相机呢？

妈妈：在书包里呢。

大年：好了，好了。妈妈再见！（跑出）

问：①李大年醒的时候，天亮了没有？
　　　a．没亮　b．亮了○
　　②李大年差点儿忘了带什么？
　　　a．水果　b．蛋糕　c．钱○
　　③今天李大年和小华要去哪儿？
　　　a．汽车站　b．长城○

五、听录音，快速回答问题：

320

（1）请你把窗户打开，好吗？

（2）你的房间有窗帘儿吗？是什么颜色的？

（3）晚上你是开着窗户睡觉还是关着窗户睡觉？

（4）你来北京的时候，下了飞机有人接你吗？

（5）上星期你接到朋友给你打的电报了吗？

（6）阿里的头发是黑的还是黄的？

（7）你觉得他穿西服好看吗？

（8）你的宿舍暖和还是阿里的宿舍暖和？

（9）你的宿舍亮不亮？

（10）阿里担心明天下雨。你说会不会下呢？

第 四 十 七 课

一、**语音练习:**

(1)边听边给下面的诗注音:

船	Chuán
套在脚上的	Tàozài jiǎoshang de
是两只无名的小船	Shì liǎngzhī wúmíng de xiǎo chuán
因为我们向往远方	Yīnwèi wǒmen xiàngwǎng yuǎnfāng
就行走在生活的海洋上	Jiù xíngzǒuzài shēnghuó de hǎiyángshang
也许我们到不了对岸	Yěxǔ wǒmen dào bù liǎo duì'àn
但永远朝着一个方向	Dàn yǒngyuǎn cháozhe yíge fāngxiàng

(2)朗读上面的诗。

(3)听后把下面的句子变成正反疑问句,然后用否定句回答:

①他听得懂普通话。

②我看得见台上的表演。

③我写得完这几张明信片。

④我找得到浴室,我知道浴室在哪儿。

⑤这些练习他作得完。

二、**听写练习:**

(1)听写句子:

322

① Nàge xiǎonánháir kòu de shàng yīfu kòuzi.

② Lǎodàniáng pá de shàng nàzuò shān.

③ Wǒ zǎoshang wǔdiǎn qǐ de lái.

④ Xiànzài qù mǎi de dào wòpùpiào.

⑤ Zhèxiē jiǔ tā hē de wán.

听下面的短文，边听边记下你听到的时间、地点、人名和数字：

在中国甘肃省武都县石门乡石门村，有个姑娘叫司凤英。她今年十五岁，身高一米八七，体重八十公斤，要穿四十五号的鞋。她每天能吃二三斤米饭。医生给她检查了身体，认为她身体很好，可以长到两米多。现在她正在学习打篮球。她的老师说，三五年以后，她可能成为一个很好的篮球运动员。

三、听下面的句子，听后回答问题：

（1）我听不懂上海话，请你说普通话吧。

问：他听得懂听不懂汉语？

（2）广告很有意思，可是有的广告上的话不都是真的。

问：他喜欢不喜欢看广告？

（3）我听不懂上海话，可是我觉得上海话很好听。

问：他觉得上海话怎么样？

（4）这些明信片一个小时写不完。

问：明信片多不多？

（5）贸易公司在火车站旁边儿，我找得到。

问：他能找到贸易公司吗？

四、听后选择正确答案：

（1）情景：阿里和汤姆在谈一条广告。

阿里：汤姆，你看报呢？

汤姆：刚下课吗？我在看《北京晚报》。你看这条广告多

有意思：小儿健美酥，小孩儿吃了以后可以长得
又健壮又好看。

阿里：是吗？我要是小孩儿就好了。

汤姆：你现在也可以吃呀。这上边还说，大人吃了对身
体也很好，可以永远不老。

阿里：真的吗？什么地方卖？

汤姆：大华贸易公司。你真想买吗？

阿里：不想买，我个子不矮，可是朋友们都说我长得象
小孩子，要是吃了小儿健美酥，就永远不象大人
了。

问：①小儿健美酥只有小孩儿可以吃 吗？

　　a．是的　b．大人也可以吃〇

　　②阿里买不买小儿健美酥？为什么？

　　a．买，因为他想永远年轻。

　　b．不买，因为他想长得象大人。〇

（2）情景：阿里和汤姆谈晚上去看戏的事。

阿里：《北京晚报》上有没有话剧或者京剧的广告？

汤姆：有，咱们晚上去看戏怎么样？

阿里：太好了，我也正想去看一场呢。咱们看什么？京
剧还是话剧？

汤姆：我看看什么节目好。……哎，这儿有上海木偶剧
团的表演。

阿里：不看，他们说上海话，我听不懂。咱们看京剧吧。
京剧的音乐很好听，服装也很好看。

汤姆：好吧，咱们去看京剧。不过，上海木偶剧团的表
演说的也是普通话，他们来北京说上海话，别人
听不懂。

阿里：那我也不想看。

324

问：①晚上他们去看什么？
　　a．话剧　b．京剧○　c．木偶戏
　②上海木偶剧团在北京表演说上海话还是北京话，
　　还是普通话？
　　a．上海话　b．北京话　c．普通话○
（3）情景：约翰给东方旅馆九楼服务台打电话。（电话铃响）
约翰：喂，你是东方旅馆九楼服务台吗？
服务员：是啊。您有什么事吗？
约翰：我找史密斯先生。请问，他是住9203房间吗？我
　　刚才给9203房间打电话没人接。
服务员：没错儿，可能他现在不在房间。我刚才看见他
　　下楼了，大概去餐厅了。您可以把电话打到餐
　　厅。
约翰：麻烦你了。
服务员：没什么。
　问：史密斯先生现在住在哪儿？
　　a．东方餐厅　b．9203房间○　c．9320房间

五、听录音，快速回答问题：
（1）你喜欢看报纸上的广告吗？
（2）你们宿舍的浴室在不在房间里？
（3）你常常用明信片写信吗？
（4）你听得懂听不懂上海话？
（5）北京话跟普通话一样吗？
（6）你爱看木偶戏吗？
（7）我的耳朵不好，听不见外边的谈话声，你呢？
（8）你妈妈喜欢小男孩儿还是小女孩儿？
（9）昨天晚上你看杂技表演了吗？他们表演得太好了
（10）下课铃响了没有？

第四十八课

一、语音练习：

（1）边听边给下面的句子注音：

① 三人同行，必有我师。　Sānrén tóng xíng, bǐ yǒu wǒ shī.

② 活到老，学到老。　Huódào lǎo, xuédào lǎo.

③ 经一事，长一智。　Jīng yí shì, zhǎng yí zhì.

④ 只要改，不怕晚。　Zhǐyào gǎi, bú pà wǎn.

（2）读上面的句子。

二、听写练习：

（1）听写句子：

① Nàge xiǎohuǒzi pá de shàng qu.

② Nàge háizi chū bu lái.

③ Tā wǔdiǎn yǐqián huí de lái.

④ Wǒ bān bù qǐlái nàge xiāngzi.

⑤ Jīntiān de lùyīn wǒ dōu tīng de dǒng.

（2）听下面的短文，边听边记下你听到的时间、地点、人名和数字：

　　1985年12月10日下午北京开了一个健康老人会。参加这次老人会的有29人。他们中最年轻的80岁，最老的102岁。女同志有3人，男同志有26人。北京通县台湖乡西下营村有一位老教师，叫殷寿明，今年85岁了。他说："我四十多岁的时候，身体不好，常常有病，工作

326

也作不了。后来我学习打拳，天天锻炼，身体就好了。"说着，他摘下帽子又对大家说："你们看，我现在头上又长出了黑头发。"

三、听下面的句子，听后选择正确答案：

(1)老大娘进来的时候，小孙子正躺在床上看书呢。

问：谁看书呢？

a．老大娘　　b．小孙子○

(2)你应该少吃肉、多喝茶，不然就胖得上不去二层楼了。

问：现在胖不胖？

a．很胖○　　b．不胖

(3)既然小伙子不需要别人的帮助，我们就走吧。

问：他们愿意帮助小伙子吗？

a．愿意○　　b．不愿意

(4)郑教授以前住在广州，1953 年到了上海，所以他上海话也说得不错。

问：郑教授现在住在哪儿？

a．广州　　b．上海○

(5)老大娘高兴地说："太感谢你了，今天要不是你爬上楼把门打开，说不定我就进不去家了。小伙子，不要客气，今天在我这儿吃饭吧。"

问：老大娘为什么请小伙子吃饭？

a．感谢小伙子帮她把门打开了。○

b．她今天很高兴。

四、听后回答问题：

(1)情景：一个女青年在回家的路上看到一个小姑娘正在哭，就走过去。

女青年：小妹妹，别哭，你怎么了？

行人甲：她的钥匙锁在屋里，进不去家了。

行人乙：小姑娘，别哭了，我们大家帮助你。你家住几
　　　　楼？

小姑娘：（边哭边说）五层。

行人乙：哟，这么高呢！你们哪个小伙子爬得上去？

行人甲：五楼呢，多高啊！今天的风又很大，太危险了。
　　　　这怎么办哪？

行人丙：没关系，我爬得上去，我是爬山运动员。

女青年：也许不需要爬楼。我去看看你家的锁，好吗？

小姑娘：我家的锁跟一楼的锁一样，门一关，就锁上了。

女青年：是这种锁啊。有办法，我打得开。小妹妹，不
　　　　哭了。走，上五楼我给你开门去。

行人丙：你没有钥匙也能把门开开？你行吗？

女青年：这样的事情对我是很容易的。你不相信就跟我
　　　　上五楼去看看。

甲、乙：你是……？

女青年：老大娘，我是锁厂的技术员。

问：①小姑娘为什么哭？

　　②谁能爬上五楼？

　　③谁不用爬楼也能把屋里的钥匙拿出来？

（2）　　早上六点半，我醒了，忽然发现另一张床上没有人，
　　　毯子和枕头也不见了。哎呀，和我一起住的这个人是个
　　　小偷，真没想到。

　　　　我是昨天晚上住进这家旅馆的。我进房间的时候，
　　　他正在看书。他看了我一眼，没说话，只点了点头，打
　　　了个招呼。

　　　　我最爱看电视，吃过晚饭就去电视室了。回到房间
　　　看见他已经躺在床上睡着了。这个人的样子我也没有看
　　　清楚。他既然是小偷，就不可能只偷毯子和枕头。我打

开手提包看我的东西。果然，钱包没有了。钱包里有一千多块钱呢！我着急了，马上拿起衣服，一边穿一边往外走。忽然一个东西掉在了地上，我一看是钱包。我不知道怎么办好了。这个小偷为什么只偷毯子和枕头呢？

正在这个时候，门外传来了服务员和一个人说话的声音。接着，一个人抱着毯子和枕头走进来。"你？你去哪儿了？""你打鼾的声音太大，我就去电视室的沙发上睡了一夜。"

听了他的话，我一句话也说不出来了。

问：①谁偷了旅馆的毯子和枕头？

②他的钱包找到了没有？

③谁去电视室睡了一夜？他为什么去那儿睡觉？

五、听录音，快速回答问题：

（1）电视里正在演什么呢？

（2）你爱看什么剧？话剧、京剧、木偶戏还是电视剧？

（3）你的记忆力怎么样？学了的生词都记得住吗？

（4）你离开宿舍的时候锁门了吗？没有钥匙你开得开门吗？

（5）你想很小的小孩儿每天哭两三次好不好？

（6）你家的楼房是几层？你的房间在几层？

（7）那个小朋友一定遇到了急事，不然不会哭，你说是不是？

（8）今天的语法你听得懂吗？需要不需要老师再给你讲一遍？

（9）今天下午我们一起骑自行车去公园，大家同意吗？

（10）你们上午的课几点结束？

第四十九课

一、语音练习：

（1）边听边给下面的绕口令注音：

大嫂子和大小子　　　　　　Dàsǎozi hé dàxiǎozi

一个大嫂子，　　　　　　　Yíge dàsǎozi,

一个大小子，　　　　　　　Yíge dàxiǎozi,

大嫂子跟大小子比包饺子：　Dàsǎozi gēn dàxiǎozi bǐ

　　　　　　　　　　　　　bāo jiǎozi:

不知是大嫂子包的饺子不如　Bù zhī shì dàsǎozi bāo de

大小子，　　　　　　　　　jiǎozi bùrú dàxiǎozi,

还是大小子包的饺子不如大　Háishì dàxiǎozi bāo de

嫂子。　　　　　　　　　　jiǎozi bùrú dàsǎozi.

（2）读上面的绕口令。

（3）听后把两句话合成比较句（一句用"比"，一句用"没有"）：

例：上海饭馆儿多。北京饭馆儿不太多。

　　上海饭馆儿比北京多。

　　北京饭馆儿没有上海那么多。

①乌鲁木齐不热闹。广州很热闹。

②北京的名胜古迹多。上海的名胜古迹不多。

③花茶香，很好喝。绿茶不香，不好喝。

④这件黄色的衣服样子好看。那件红色的衣服便宜。

⑤这个小房间很干净。那个大房间有点儿脏。

二、听写练习：

边听边记下数字和地点：

北京是一座有两千多年历史的城市，作为首都，北京也有八百多年的历史了。所以，北京的名胜古迹很多。在城里有故宫、北海、景山、天坛、地坛、日坛、月坛等十九处；在城外有颐和园、圆明园、香山、长城、十三陵等十来处。另外还有一些自然风景很优美的地方，比如八大处、樱桃沟和上房山等。

三、听下面的句子，听后回答问题：

（1）上海有一千多万人，天津有五百万人，北京有九百万人。

问：哪个城市的人口最少？

（2）北京很高的建筑不多，可是漂亮的古代建筑很多。

问：北京的古建筑多还是高大的建筑多？

（3）南京的公园、名胜古迹没有北京多，公园也不如北京漂亮。

问：哪个城市的公园又多又漂亮？

（4）史密斯说："上海的街道不如北京这么宽，新建筑也没有北京这么多，只是饭馆儿比北京多。"

问：史密斯对上海的印象好，还是对北京的印象好？

（5）上海的弄堂多、窄，北京的胡同也不少、也不宽嘛。我看上海和北京差不多。

问：他觉得上海好还是北京好？

四、听后选择正确答案：

（1）情景：甲从外地来京住在旅馆，乙在一个学校工作，今天约好，来陪他游览。

甲：你怎么现在才来？我都急了。

乙：刚出宿舍楼碰上个老师找我有急事，不然早到了。从学校到这儿，坐车只用了四十分钟。你今天打算

331

去哪儿逛逛?

甲：听说北海是北京城里最漂亮的公园,去北海怎么样?

乙：好啊。逛了北海还可以去景山,看完景山再去故宫。昨天你去颐和园和香山了吗?

甲：去了。爬上香山可真累啊,今天腿还有点儿疼呢。你说,我在这儿一个星期,北京的名胜古迹逛得完吗?

乙：一个星期?一个月你也不一定逛得完。我在北京三十多年了,还有许多地方没去过呢。

甲：在北京我怎么没看见大工厂啊?

乙：城里只有小工厂,大工厂都在郊区,这样城里的建筑、街道可以整洁一些。

甲：北京的街道比咱们那个城市干净。好了,咱们一边走一边谈吧。

乙：走吧。

甲：等我锁上门。

乙：别忘了把钥匙交到服务台去。

问：①这两个说话人是北京人吗?

　　a。是。　b。不是。○　c。一个是,一个不是。

　　②他们都在北京工作吗?

　　a。对了。b。都不在北京工作。

　　c。一个在北京工作,一个在外地工作。○

　　③用多长时间才能逛得完北京的名胜古迹?

　　a。一个星期　b。一个月

　　c。三十年　(三个答案都不对)

(2)情景：约翰刚从中国南方参观回来,李大年去看他。

李大年：约翰,这次去南方玩得怎么样?

约　翰：有意思极了。我去了几个城市,参观了不少名胜古迹。给我印象最深的是无锡。无锡城里有许多条河，河不宽，但可以走船，人们去什么地方常常坐船去，很方便。城里的商店和北京也不一样。那儿的商店一般都不大，后边是工厂，前边是商店，后边儿生产了东西，在前边儿卖。

李大年：你发现没有？南方的茶馆儿比北京多得多。很多人特别喜欢去茶馆儿喝茶。

约　翰：真的，茶馆儿多，饭馆儿多，我觉得这些地方都比北京好。另外，南方的自然风景非常美。大年，你是上海人吧？上海这几年是不是增加了不少大饭店？我看到好几座十几层高的新建筑。

李大年：是啊，有些是饭店，有些是贸易公司。

问：①约翰觉得哪个城市最有意思？

　　　a．北京　b．无锡○　c．上海

　　②南方的什么比北京多？

　　　a．名胜古迹　b．茶馆儿○　c．大饭店

　　③什么地方的人特别喜欢去茶馆儿喝茶？

　　　a．无锡　b．上海　c．南方○

五、听录音，快速回答问题：

（1）北京有多少人口，你知道吗？

（2）你们住的地方有什么名胜古迹吗？

（3）你觉得是小孩子爱穿漂亮的衣服还是大人爱穿漂亮的衣服？

（4）你们国家的名城是哪个城市？那是个商业城市吗？

（5）中国的黄河长还是长江长？

（6）你知道北京郊区有哪些大学吗？

（7）你觉得汉语比英语好学吗？

（8）今天和昨天比，你学到的词增加了多少？

（9）生产被子和服装的工厂叫什么工厂？

（10）请你用汉语谈谈对中国的印象？

第 五 十 课

一、语音练习：

（1）边听边给下面的谚语、格言注音：

①白日莫闲过，青春不再来。　Báirì mò xián guò,
　　　　　　　　　　　　　　qīngchūn bú zài lái.

②书到用时方恨少。　　　　　Shū dào yòng shí fāng
　　　　　　　　　　　　　　hèn shǎo.

③室雅何须大，花香不在多。　Shì yǎ hé xū dà, huā
　　　　　　　　　　　　　　xiāng bú zài duō.

④穿衣戴帽，各人所好。　　　Chuān yī dài mào, gè
　　　　　　　　　　　　　　rén suǒ hào.

（2）读上面的谚语、格言。

（3）边听边记，然后说出主要意思：

下面你们听到的是一九八五年十二月十三日《北京晚报》上的一条消息：

这几天北京市的市长去公共汽车、电车公司跟司机、售票员和公司的领导谈了话。市长说，北京每天坐汽车、电车的有九百万人次。这几天北京天气冷，气温低，有的时候还刮风，这你们都不怕，你们工作也很累，我感谢你们。另外，他还说，七日那天因为天气特别冷，一些汽车开不出去，给北京的人民带来了麻烦。公司的领导对低气温应该有准备。你们知道不知道天气预报？我们没做好工作，对不起人民。以后这样的情况不应该再

335

发生。

二、把下面的句子改成比较句：

(1)今天晚上北京最低气温是零下一摄氏度，上海是五摄氏度。

(2)明天北京的最高气温是四摄氏度，广州是十二摄氏度。

(3)阿里要穿 45 号鞋，约翰要穿 42 号鞋。

(4)史密斯身高 2 米，夏子身高 1 米 65。

(5)橘子一块钱左右一斤，苹果八九毛钱一斤。

三、听下面的句子，边听边填表：

(1)汽水儿六毛钱一瓶，啤酒一块三一瓶。啤酒比汽水儿贵七毛钱。

(2)上海有一千万人口，北京有九百万人口，北京比上海少一百万。

(3)今天最高气温十五摄氏度，最低气温四摄氏度，风力二三级。

(4)今天晚上最低气温零下九摄氏度，明天白天最高气温一摄氏度，风力四五级。

(5)中国长江长六千三百公里，黄河长五千四百六十四公里，长江比黄河长八百三十六公里。

四、听后回答问题：

(1)情景：甲请乙介绍北京的天气。

甲：你给我介绍介绍北京的气候怎么样？

乙：北京的冬天又冷又长，还常常刮风。

甲：是吗？春天呢？

乙：春天很少下雨，差不多每天刮风，但是不象冬天那么干燥。夏天好一点儿，最高气温三十多度的天气只有半个月左右，七八月还常常下雨，下了雨天气就凉快一些，另外也很湿润。

甲：你的意思是夏天最好，对吧？

乙：不，最好的是秋天，不冷不热。来北京旅游还是在秋天好。

问：①北京的冬天怎么样？

②北京什么时候常常下雨？

③来北京旅游什么时候最好？

（2）情景：天华的哥哥要去日本工作，走以前，天华和嫂子王兰商量一起去逛公园。

王兰：天华，你哥哥他们银行派他到驻日本办事处工作两三年。

天华：是吗？什么时候走？

王兰：可能下星期。

天华：嫂子，您也去吗？

王兰：我今年公司里还有一些重要的工作没做完，明年才能去。

天华：你们走了，爸爸妈妈恐怕会天天想你们的。

王兰：那就需要你常和爸爸妈妈谈谈了。

天华：其实谈也没用，反正他们会想的。

王兰：明天是星期日，咱们全家人去香山儿玩一天，你同意吗？秋天的香山最漂亮了。

天华：那好啊。今天下了一天雨，明天天气不知道好不好？

王兰：咱们听听天气预报吧。快六点了，快把收音机打开。

（他们听广播：今天夜间阴转晴，风向北风，风力四五级，最低气温9摄氏度。明天白天晴，风向北风，风力二三级转一二级，最高气温21摄氏度。）

天华：太好了。明天咱们去吧。我去准备准备。

王兰：别忘了多买点儿葡萄。妈妈和你哥哥最爱吃葡萄了。

问：①谁要去日本？什么时候走？

②天华的哥哥在哪儿工作？

③天华的嫂子在哪儿工作？

④明天天气怎么样？他们去不去香山公园？

⑤天华听完广播去做什么？

五、听录音，快速回答问题：

（1）昨天晚上你听天气预报了吗？

（2）这个城市的气候怎么样？

（3）你来这儿以后，给家里人打长途电话了吗？

（4）昨天刮风了吗？

（5）你估计今天最低气温有多少度？

（6）你估计今天最高气温有多少度？

（7）北京的天气干燥还是上海干燥？

（8）上海的天气湿润还是北京湿润？

（9）你估计今天的风力有几级？

（10）你喜欢冬天还是夏天？为什么？

（11）你的意见跟他的一样吗？

第五十一课

一、语音练习：

（1）边听边给下面的诗注音：

和童年留影对话	Hé tóngnián liúyǐng duìhuà
"你真是我吗？"	"Nǐ zhēn shì wǒ ma?"
你用天真的笑回答了我。	Nǐ yòng tiānzhēn de xiào huídá le wǒ.
"你真是我吗？"	"Nǐ zhēn shì wǒ ma?"
回答不出。	Huídá bù chū.
因为我在寻找那颗失落	Yīnwei wǒ zài xúnzhǎo nà kē
的童心。	shīluò de tóngxīn.
明天——相信我能回答：	Míngtiān xiāngxìn wǒ néng huídá:
"我就是你！"	"Wǒ jiù shì nǐ!"

（2）朗读上面的诗。

（3）听后把两个句子变成一个带"比"的句子：

例：我买了两块香皂。

他买了一块香皂。

我比他多买了一块香皂。

①这件羽绒服六十七块五。

那件羽绒服七十二块八。

②山田差一刻九点到的飞机场。

夏子差五分九点到的飞机场。

③飞机平时十点起飞。

飞机今天十点二十起飞。

④阿里今天穿了一件毛衣。

史密斯今天没穿毛衣。

⑤昨天的最高温度是二摄氏度。

今天的最高温度是零下一摄氏度。

二、边听边记下与下面问题有关的句子：

（1）爸爸和女儿在作什么？

（2）女儿为什么哭了？

（3）爸爸看到女儿哭了，说了什么话？

十二月二十一日电视台开始播《黑猫警长》，女儿坐在椅子上看得很高兴。可是播了十分钟，忽然停了。女儿急得哭了起来。我忙说："别着急，电视台的叔叔阿姨一会儿就播。"果然，不到一分钟，又开始播《黑猫警长》了。

过了五分钟，又停了。我又用老办法给女儿说了一遍。可是过了一分钟，播出的不是《黑猫警长》，是一个贸易公司的咖啡广告。女儿一看是广告，又哭了："爸爸，我要黑猫警长，不喝咖啡。"我没办法了，只好告诉女儿："黑猫警长找坏蛋找了半天，又累又渴，所以要喝些咖啡了。"

三、听下面的句子，听后回答问题：

（1）我平时六点半起床，今天是星期日，多睡了一个钟头。

问：他今天几点起的？

（2）我要在中国学习四年，比阿里多学两年。

问：阿里在中国学习几年？

（3）其实绿茶比花茶更香更好喝。

问：他觉得什么茶好？

（4）飞机从东京飞北京，起飞的时候正在下大雪，降落的时
候天气真好。
问：北京正在下雪吗？
（5）下雪的时候不太冷，化雪的时候才冷呢。
问：什么时候更冷？

四、听后选择正确答案：

（1）情景：山田在公共汽车上碰见了安娜。

山田：哎，安娜，你去哪儿？

安娜：我去北京饭店办点儿事。你呢？

山田：咱俩同路，我们公司驻北京的代表明天回国，我
去看看他。

安娜：你们公司不是在长城饭店吗？

山田：长城饭店太贵，一个房间一个月要一万多块钱呢！

问：①山田去哪儿？
a．长城饭店　b．北京饭店○

②山田他们公司的办事处现在在哪儿？
a．长城饭店　b．北京饭店○

（2）情景：玲玲要去飞机场接人，可是下大雨了。

夏子：玲玲，你今天怎么起得这么早？

玲玲：我要去机场接哥哥嫂子，我侄子也跟他们一起来。

夏子：这班飞机几点到？

玲玲：广州起飞时间是六点，到北京大概是九点多。糟
糕！昨天天气预报说今天有大雨。

夏子：你听，正下呢。你拉开窗帘看看！

玲玲：下得真大呀！飞机可能不能降落了。

夏子：下雨没关系吧。你快给飞机场打个电话问问。

玲玲：对。

（玲玲打电话）

341

喂，首都机场吗？飞机今天能降落吗？……什么？
有雷阵雨？不能降落？那，那广州来的飞机什么
时候能到呢？……好，麻烦您了。谢谢。

夏子：情况怎么样？

玲玲：他们说，要等雷阵雨过去，飞机才能降落。

夏子：那雷阵雨什么时候才能过去呢？

玲玲：天知道！

夏子：别着急，我估计下午就不下了。等雨一停，马上
　　　给机场打电话再问问。哎，你看，现在雨比刚才
　　　小多了。说不定一会儿就不下了

玲玲：可是，还有雷阵雨呢。

夏子：打电话听听天气预报。

　　　（玲玲打电话听天气预报）

夏子：怎么样？

玲玲：上午雷阵雨，下午转晴。我马上打电话要出租车。
　　　吃了午饭就走。

夏子：急什么！你听，雷阵雨来了。

问：①平时这班飞机几点到北京？

　　　a．六点多　b．九点多〇

　　②玲玲什么时候去机场？

　　　a．上午　b．下午〇

五、听录音，快速回答问题：

（1）你们住的城市常常下雨吗？

（2）你觉得北京热还是你们国家的首都热？

（3）你觉得秋天好还是春天好？你更喜欢哪个季节？

（4）你坐过飞机吗？托运行李麻烦不麻烦？

（5）北京首都机场大厅里有小卖部吗？

（6）请问，去上海的飞机几点起飞？

342

（7）你想是大飞机飞得稳，还是小飞机飞得稳？

（8）今天早上你碰见张先生了吗？

（9）你平时常看见张先生吗？

（10）他是张文的叔叔，张文是他的什么？

第 五 十 二 课

一、语音练习：

　　（1）边听边给下面的绕口令注音：

华华有两朵黄花儿，	Huáhua yǒu liǎngduǒ huáng-huār,
红红有两朵红花儿。	Hónghong yǒu liǎngduǒ hóng-huār.
华华要红花儿，	Huáhua yào hónghuār,
红红要黄花儿。	Hónghong yào huánghuār.
华华送给红红一朵黄花儿，	Huáhua sònggěi Hónghong yìduǒ huánghuār,
红红送给华华一朵红花儿，	Hónghong sònggěi Huáhua yìduǒ hónghuār,
华华有黄花儿和红花儿，	Huáhua yǒu huánghuār hé hónghuār,
红红有红花儿和黄花儿。	Hónghong yǒu hónghuār hé huánghuār.
两个笑得脸上象朵花儿。	Liǎngge xiào de liǎnshang xiàng duǒ huār,

　　（2）读上面的绕口令。

　　（3）听后口头回答问题：

　　　①阿里学得比史密斯好。

　　　　问：谁学得好？

344

②约翰汉语说得比安娜流利。

　　问：谁汉语说得流利？

③山田汉字写得比汤姆快得多。

　　问：谁汉字写得快？

④夏子车开得比山田稳一点儿。

　　问：谁车开得稳？

⑤约翰平时起得比阿里晚多了。

　　问：谁平时起得早？

二、边听边记，听后回答下面的问题：

（1）每天洗澡好不好？

（2）什么时候洗澡好？

　　　　大家都知道洗澡对身体很好，常常洗澡不容易得病。
　　是不是越多越好呢？也不是。比如在气候干燥的地方，
　　洗澡太多你会觉得不舒服。

　　　　另外，有些人刚吃过饭马上就去洗澡，这样也不好。
　　这样容易得胃病。冬天很多老年人喜欢洗热水澡，但要
　　注意，水的温度不要太高，洗澡时间不要太长。

三、听下面的句子，听后回答问题：

（1）阿里笔试得了九十一分，口试得了八十一分。史密斯笔
　　试得了九十二分，口试得了八十二分。

　　问：谁的学习更好一点儿？

（2）安娜听写一分钟能写 17 个汉字，夏子一分钟能写 21 个
　　汉字。

　　问：谁汉字写得更快一些？

（3）冬天最好的体育运动是滑冰和长跑，每天下午操场都有
　　很多人在练习长跑，我想跟他们一起锻炼。

　　问：他想练习滑冰吗？

（4）很多中国人都爱听相声，特别是侯宝林先生的相声，大

人、小孩儿都喜欢听。

问：中国人最爱听谁说相声？

（5）现在我的胃病更厉害了，不敢总喝白酒了。

问：他现在还喝白酒吗？

四、听后选择正确答案：

（1）情景：张正生老师和同学们讨论汉语节目表演的问题。

张：同学们，这个学期就要结束了，考试以前，我们开个晚会怎么样？

众：好！（鼓掌）

安娜：上次约翰和史密斯的相声说得不错。

这次你们俩再来一段怎么样？

山田：这次比上次会更好。

汤姆：不见得。

史密斯：为什么？

汤姆：史密斯，这几天你的胃病比以前更厉害了，一顿饭吃不了一个馒头。身体这么不好，能表演好节目吗？

山田：可是他骑自行车、滑冰、游泳都比我们快得多啊！

众：是啊，是啊。

约翰：汤姆，你表演什么节目？

汤姆：我跳舞。

夏子：跳舞不行。跳舞不说汉语。

汤姆：我一边跳舞，一边用汉语唱歌。

夏子：那可以。

史密斯：夏子，你表演什么节目？

夏子：山田，咱们俩用汉语唱两个日本歌好不好？

山田：我嗓子不好，你一个人唱吧。

张：安娜，你呢？

　安娜：我先想想，明天告诉您。

　　张：大家回去再想想，这回的晚会一定要更好、更热
　　　　闹、更有意思。

　问：①在他们的晚会上唱英文歌可以吗？

　　　a．可以。

　　　b．不行，每个节目都要说汉语。〇

　　　c．唱英文歌可以，别的不行。

　　　②史密斯这次还能表演相声吗？

　　　a．不能，他得了胃病。

　　　b．他身体很好，可以说相声。

　　　c．虽然他有胃病，但是还可以说相声。〇

　　　③谁又能唱歌又能跳舞？

　　　　　a．汤姆〇　　b．山田　　c．夏子

（2）情景：夏子和安娜谈考试的成绩。

　夏子：安娜，你这次考试怎么样？

　安娜：笔试得了八十九分，口试得了八十四分。夏子，
　　　　你呢？

　夏子：我比你差，口试才得了七十九分。你平时就比我
　　　　说得流利嘛！

　安娜：可你的笔试比我强多了。

　夏子：我是日本人，写汉字不困难。

　安娜：我觉得听写特别困难。汉字总记不住。

　夏子：我们日本人从小学就开始练习写汉字了，只是发
　　　　音和中文不一样。哎，张老师编了一本《汉字字
　　　　典》可以帮助学生练习汉字，你可以买一本。

　安娜：真的？一会儿我就去买一本，放假以后好好练习
　　　　练习。

问：①夏子口试得了多少分？

a．八十九分　b．八十四分　c．七十九分〇

②安娜觉得写汉字怎么样？

a．不困难　b．比夏子强多了

c．她觉得很困难〇

五、听录音，快速回答问题：

（1）你早上锻炼身体吗？

（2）你会不会滑冰？

（3）你平时一天吃两顿饭还是三顿饭？

（4）你敢不敢在长江里游泳？

（5）你喜欢读小说吗？你最喜欢读谁的小说？

（6）你喜欢听相声吗？

（7）上回考试你得了多少分儿？

（8）你们班谁汉语说得最流利？

（9）你们这个学期什么时候结束？

（10）他说话常常讽刺别人，你觉得好不好？

第五十三课

一、语音练习：

（1）边听边给下面的古诗注音：

<table>
<tr><td>杂 诗</td><td>Záshī</td></tr>
<tr><td>君自故乡来，</td><td>Jūn zì gùxiāng lái,</td></tr>
<tr><td>应知故乡事。</td><td>Yīng zhī gùxiāng shì;</td></tr>
<tr><td>来日绮窗前，</td><td>Láirì qǐchuāngqián,</td></tr>
<tr><td>寒梅着花未？</td><td>Hánméi zhuó huā wèi?</td></tr>
</table>

（2）朗读上面的诗。

（3）根据问题，标出答句的重音：

①你觉得昨天晚会上的节目怎么样？

昨天的表演比上次强得<u>多</u>。

②今天史密斯又来晚了吗？

没有，他比平时早到了<u>十分钟</u>呢！

③广州的冬天也这么冷吗？

不，比这儿暖和多了。

④你们<u>都</u>去过长城吗？

不，除了<u>约翰和安娜</u>以外，我们<u>都</u>没去过。

⑤寒假你<u>只</u>去四川旅行吗？

不，除了四川以外，我还想去<u>乌鲁木齐</u>看看。

二、听写练习：

边听边记下每个节日的名称和时间：

中国的节日很多，有传统节日，也有政治性节日。

一月一号是元旦，三月八号是妇女节，五月一号是劳动节，五月四号是青年节，六月一号是儿童节，九月十号是教师节，十月一号是国庆节。农历正月初一是春节，正月十五是元宵节，五月初五是端午节，八月十五是中秋节。

三、听下面的句子，听后回答问题：

(1)李大年除了爱听相声以外，还爱听音乐。

问：李大年爱听什么？

(2)高开除了喜欢画画儿以外，别的都不喜欢。

问：高开喜欢画画儿吗？

(3)玲玲除了不吃羊肉以外，别的肉都吃。

问：玲玲吃不吃羊肉？

(4)除了阿里以外，山田和夏子也没去过长城。

问：阿里去过长城吗？

(5)那个商店除了卖点心、水果什么的以外，还卖本子、铅笔、钢笔等学习用的东西。

问：那个商店卖什么？

四、听后填空：

(1)情景：中国学生贾红春和日本学生夏子谈节日。

夏子：红春，中国最重要的传统节日是什么？

贾：是春节，在农历的正月初一。正月就是一月，初一就是一号。

夏子：一定很热闹吧？

贾：可不是，人们都很重视它。为了让大家过好春节，学校都在春节以前开始放寒假。机关、工厂也要放三、四天假。每家都买很多爆竹，孩子们从除夕就开始放，一直放到初一那天的早上。

夏子：听说爆竹很贵啊。

350

贾：中国人过春节不怕花钱。初一早上吃过饭，人们
　　就去亲戚和朋友家，互相祝贺春节。哎，你们日
　　本人也过春节吗？

夏子：很早以前也有春节，现在没有了。现在我们过元
　　旦，象你们的春节一样，也很热闹。

填空：①中国的春节在农历一月一号。

　　②初一早上人们吃过早饭就去亲戚朋友家互相祝
　　　贺春节。

　　③日本人现在不过春节，只过元旦。

（2）情景：大年在书店买书的时候遇见了约翰。

大年：哎，约翰，你也买书来了？

约翰：我刚进来。你都买什么书了？

大年：买了一本《汉英语法比较》。你有这本书吗？

约翰：没有，我能看懂吗？

大年：今年看不懂，明年看嘛。除了这本以外，你还可
　　以买一本《古代汉语》，这本书不太好买。

约翰：在哪儿卖？我早就想买一套，可是一直没买到。

大年：就在那边儿，我跟你一块儿去。

约翰：我有一个朋友，很喜欢中国画儿。圣诞节快到了，
　　我想买本中国画册送给他。你能给我介绍几种吗？

大年：我刚才看到一本徐悲鸿画册，你可以去看看。

约翰：徐悲鸿是谁？

大年：徐悲鸿是中国有名的画家。他的画儿大部分是用
　　毛笔画的中国画儿，特别是他画的马更是有名。
　　有一座徐悲鸿先生纪念馆，他的画儿大部分都在
　　那儿展览。有时间你可以去参观参观。

约翰：那我就买一本《徐悲鸿画册》吧。

大年：你看那张贺年片儿上的马就是徐悲鸿画的。我要

买几张送给朋友。

约翰：我也买几张。这张菊花的也不错，简直象真花儿一样。

大年：我听说外国人送菊花是道歉的意思，是吗？

约翰：那是在法国。在我们国家跟你们一样，也是高尚品格的象征。

填空：①约翰买了三本书，一本是《汉英语法比较》，一本是《古代汉语》，一本是《徐悲鸿画册》。另外，他还买了两种贺年片儿，一种是马，一种是菊花。

②大年除了买书以外，还买了贺年片儿。

五、听录音，快速回答问题：

（1）你们国家过新年热闹吗？

（2）新年以前，你给朋友送贺年片儿吗？

（3）你们国家最重要的传统节日是什么？

（4）你们国家最重要的纪念日是什么？

（5）你知道圣诞节在哪一天吗？

（6）中国的国庆节在哪一天？

（7）中国的传统节日，除了春节以外还有哪几个？

（8）你看见过爆竹吗？你爱放爆竹吗？

（9）你们国家最有名的诗人是谁？

（10）你们国家最有名的画家是谁？你喜欢他的画儿吗？

第 五 十 四 课

一、语音练习：

（1）边听边给下面的词语注音：

①整整齐齐 zhěngzhěngqíqí

②百花齐放 bǎi huā qí fàng

③艺术剧院 yìshù jùyuàn

④乘风破浪 chéng fēng pò làng

⑤先进技术 xiānjìn jìshù

⑥为人民服务 wèi rénmín fúwù

⑦千奇百怪 qiānqí bǎiguài

⑧九九八十一 jiǔ jiǔ bāshíyī

（2）听写：

① Zhōngshān Gōngyuán zhèngzài jǔxíng júhuā zhǎnlǎn; měitiān cānguān de rén duō jíle.

② Wǒmen màoyì gōngsī zhù Běijīng bànshìchù de dàibiǎo hé tā de fūrén jīntiān xiàwǔ chéng fēijī huí guó, wǒ yào qù jīchǎng gěi tāmen sòngxíng.

③ Qīngdǎo de gǔjī bù duō, kěshì jiànzhù hěn-piàoliang, zìrán jǐngsè yě hěn měi, gěi wǒ liúxià le shēnkè de yìnxiàng.

④ Guòle yíhuìr, xuě guǒrán tíng le. Xiàwǔ tàiyang chūlái le. Wǒ zhànzài lóudǐngshang kànzhe yuǎnchù báisè de shān hé jìnchù de shù,

353

jiù xiàng shēnghuó zài huà zhōng yíyàng.

二、听后把下面的"被"字句改成"把"字句：

例：肉被狗抢走了。 —→ 狗把肉抢走了。

（1）老郭的爱人被他说糊涂了。

（2）他被爱人骂了一顿。

（3）床单被孩子踩脏了。

（4）帽子被小二拿去了。

（5）女儿被爆竹声吓哭了。

三、听下面的句子，听后选择正确答案：

（1）小二的爸爸被妈妈的解释说糊涂了。

问：谁糊涂了？

a．小二　b．爸爸○　c．妈妈

（2）老郭被他爱人骂了一顿，吓得不敢再在家里抽烟了。

问：谁吓得不敢在家里抽烟了？

a．老郭○　b．他　c．老郭的爱人

（3）冬冬手里的肉被狗抢走了，可是又被他爸爸抢回来了。

问：现在肉在哪儿呢？

a．在冬冬手里　b．在狗那儿

c．在冬冬爸爸那儿○

（4）小二也跟爸爸上街了，现在屋里只有妈妈一个人了。

问：他们家有几口人？

a．一口　b．两口　c．三口　（三个答案都不对）

（5）姐姐走进里屋看了看，说："青青，玻璃虽然擦干净了，可是床单被你踩脏了。妈妈看了一定会生气的。"

问：妈妈做什么了？

a．擦玻璃了　b．把床单踩脏了

c．生气了　（三个答案都不对）

四、听后作练习：

情景： 课间安娜向郭老师问一些关于中国人过春节的问题。

安娜： 郭老师，您说过春节是中国最重要的传统节日。您能讲讲中国人怎么过春节吗？

郭： 中国地方很大，每个地方的习惯都不太一样。北京人一般是这样的：人们在春节前一个多星期开始做过节的准备。这时候主要是打扫房间，擦玻璃，洗床单，做衣服，买年货等等。

安娜： 什么叫年货？

郭： 年货就是过新年、过春节用的和吃的东西，比如：肉、菜、酒、点心、爆竹什么的。春节前一天叫除夕，也叫年三十。这一天晚上很多人不睡觉，孩子们放爆竹，大人们在一起喝酒、聊天儿。现在有电视了，人们还可以看电视。人们一边玩儿，一边包饺子。到了半夜十二点，人们互相祝贺春节好。这时候放的爆竹最多，最热闹。初一早上吃过饺子，人们就去亲戚和朋友家拜年，或者去参加各种庆祝活动。

安娜： 哎，郭老师，我有个问题一直想问您。春节的时候，天气还很冷，为什么叫春天的节日呢？您过去不是说过北京的春天是从三月到五月吗？

郭： 你的记忆力还真不错啊。这个问题比较复杂。今天算了，快上课了，我以后再给你解释好吗？

安娜： 好吧。

（1）填空：

①春节前一天叫除夕，也叫年三十。到了半夜十二点，人们互相祝贺春节好。这时候放的爆竹最多，最热闹。

②北京的春天是从三月到五月。

（2）选择正确答案：

①中国人过春节的习惯一样不一样？为什么？

a. 一样，因为每个地方的人都过春节。

　　　b. 不一样，因为有的地方不过春节。

　　　c. 不一样，因为中国地方很大，每个地方的习惯不
　　　　 一样。○

　　②人们什么时候开始准备年货？

　　　a. 除夕晚上　b. 年三十

　　　c. 春节前　　d. 春节前一个多星期○

　　③安娜什么问题一直不清楚？

　　　a. 什么叫年货

　　　b. 中国的农历新年为什么叫春节○

五、听故事，回答问题：

　　　下面我要给大家讲一个故事，你们听的时候，请注意两
个问题。一个问题是阿二的斧子是不是被人偷走了。另外一
个问题是阿二和他爱人谁糊涂，谁不糊涂。听完了，我让你
们回答问题。好，下面我就开始讲故事，请你们注意听。

　　　从前有个人叫阿二。一天，他发现自己的斧子不见了。
他到处找，里屋、外屋、屋里、屋外都找了，可是还没找到。
他忽然想起邻居家的阿强昨天来过他家，他想，斧子会不会
被阿强偷走了呢？

　　　第二天，他在街上碰见了阿强。阿强没有象平时那样先
跟他打招呼。他们打完招呼以后，阿强匆匆忙忙地进城了。
阿二觉得阿强说话的声音比平时小，走得也比平时快得多。
阿二一边想一边往家走。在门口儿遇见了阿强的爱人。阿强
的爱人只向他点了点头，却没有说话。他更觉得是阿强把他
的斧子偷走了。他一进屋就对爱人说："我知道斧子被谁偷走
了。一定是阿强。""你怎么知道的？"他爱人笑着问。"今·天我
在街上遇见了阿强，刚才在门口儿又看见了他爱人，他们的
样子和平时都不一样，……"

阿二的话还没有讲完，他爱人就说："你别说了。你真是个糊涂人。上次你用完斧子放在厨房的柜子下边儿了。刚才我还用了用。"

"我昨天到处找斧子，你为什么不告诉我？"

"你只说找斧子，却没有说找柜子下边儿的斧子呀！"

阿二想了想，觉得爱人说得对，忙道歉说："下次我再找东西的时候，一定告诉你我找的东西在什么地方。"

他爱人也客气地说："算了，不要说了，我不会骂你的。下次斧子要是真的找不到，我一定告诉你去厨房的柜子下边儿去找。我的记忆力比你强得多呀！"

问：(1)阿二想他的斧子被谁偷走了？

(2)阿二的斧子是怎么找到的？

(3)阿二和他爱人谁糊涂，谁不糊涂？

六、听录音，快速回答问题：

（1）你小的时候被妈妈骂过没有？

（2）你吃过饺子没有？

（3）你会做饺子不会？

（4）你打篮球的时候，会不会抢球？

（5）你每天打扫屋子吗？

（6）你们教室的玻璃脏不脏？该不该擦？

（7）我很喜欢听故事，你能不能给我讲一个？

（8）那本书我忘了被谁借走了，你还记得吗？

（9）你喜欢狗吗？你家有没有狗？

（10）那个小孩儿怎么哭了，是不是被狗吓的？

第五十五课

一、语音练习：

边听边给下面的词语注音：

① 玻璃制品　　　　　bōli zhìpǐn

② 长途电话　　　　　chángtú diànhuà

③ 蔬菜商店　　　　　shūcài shāngdiàn

④ 长跑运动员　　　　chángpǎo yùndòngyuán

⑤ 糊里糊涂　　　　　húlihútú

⑥ 急急忙忙　　　　　jíjímángmáng

⑦ 精神焕发　　　　　jīngshén huànfā

⑧ 八仙过海，各显其能。　Bāxiān guò hǎi, gè xiǎn qí
　　　　　　　　　　　　néng

二、听写：

(1) Lǎo Guō zuòzài jiētóu gōngyuán de yǐzishang shuìzháo
le, xǐngle yǐhòu fāxiàn yīfu bèi yóuqī nòng zāng le.

(2) Xīn mǎi de yǔróngfú ràng Xiǎo'ér nòng diū le; māma
qì de màle tā bàntiān.

(3) Cōngming rén yǒushí yě huì zuòchū shǎ shì, kě hútu
rén què bù yídìng zuò de chū cōngming shì.

(4) Zuótiān yèli yǐjīng shí'èrdiǎn duō le, Língling zhèng
tǎngzài chuángshang kànshū, yǒu rén zài ménkǒur dà shēng.
rǎngle yìshēng, xià de tā shuì bu zháo jiào le.

三、听下面的句子，听后选择正确解释：

　　(1) 他坐在地上，衣服叫水弄湿了。

　　　　这句话的意思是：

　　　　a．他把衣服弄湿了。

　　　　b．水把地弄湿了。

　　　　c．水把他的衣服弄湿了。○

　　(2) 屋里贴的画儿让风刮下来了。

　　　　问：什么被刮下来了？

　　　　　　a．花儿　b．画儿○　c．屋子的墙

　　(3) 刘天华被学校派到美国去学习英语了，回来后去外国工作。

　　　　问：刘天华去作什么了？

　　　　　　a．去美国学习英语

　　　　　　b．去英国学习英语

　　　　　　c．去外国工作○

　　(4) 为了记住汉字，阿里要求自己把每天学习的新字写十遍。

　　　　从这句话里，我们可以知道：

　　　　a．阿里很傻。

　　　　b．阿里学习很努力。○

　　　　c．阿里记忆力好。

　　(5) 聪明的小汤姆没有哭，他从地上跳起来，大声儿嚷了一句，狗终于被他吓跑了。

　　　　从这句话里，我们可以知道：

　　　　a．刚才小汤姆哭了。

　　　　b．刚才小汤姆被狗吓跑了。

　　　　c．刚才小汤姆把狗吓跑了。○

四、听后作练习：

　　　　下面你听到的故事，讲的是孩子做错了事，家长应该不应该打他。

一天夜里，民警老张走到了街头公园。他忽然发现一把长椅上睡着一个小孩儿，脸上还盖着帽子。老张摇了好一会儿才把那个小孩儿摇醒。小孩儿一看是民警，就想跑。老张说："别跑！"老张脱下自己的大衣给他穿上，坐在他的旁边儿。

"你为什么不回家？"老张问。

"我不敢回家。"小孩儿小声儿地回答。

"为什么不敢回家呢？"

"怕爸爸打我。"

"你爸爸为什么要打你？"

"我，我……"

事情是这样的。

这个小孩儿叫刘华，因为学习不好，爸爸常常打他。后来，他觉得学习没意思，就常常不去学校上课，和一些大孩子去偷东西。两天以后，他偷东西的事叫爸爸知道了，又被爸爸打了一顿，打完后又被锁在屋里，不让他出门。

昨天上午爸爸和妈妈去公司了，他就在纸条儿上写了："爸爸、妈妈，我对不起你们。再见了。"他把纸条儿贴在爸爸的屋子外边儿，就从窗户跳出来了。

以前，他和别人偷了钱，就埋在公园里。他想去公园拿一点儿钱，半路上他遇见了两个大孩子。这两个大孩子听说他去拿钱，就跟他一起去了。拿出钱，大孩子只给了他一块钱，还说，要是他不同意，就打他。他用一块钱又喝汽水又吃冰淇淋，很快就用完了。到了晚上，他想，要是回家又得叫爸爸打一顿。他不敢回家，就在街头公园的椅子上睡着了。

民警老张遇到这种事情已经有好几次了。有的爸爸、妈妈因为孩子学习不好打孩子，有的因为孩子丢了东西打孩子，有的因为孩子弄脏了衣服打孩子。孩子怕爸爸、妈妈打，就不敢回家。孩子离家出走，犯了错误，或者发生了危险，他们才着急，才知道自己的办法不好。

上星期，老张给报纸写了一篇文章。他在文章里说："有些家长常常打孩子。其实这种办法很不好。我希望聪明的家长不要再作这种傻事了。"

(1) 选择正确答案：

①老张摇了好一会儿才把那个孩子摇醒。

这句话的意思是：

a。老张摇得好，孩子醒了。

b。老张摇了两下儿，孩子醒了。

c。老张摇了很长时间，才把孩子摇醒。○

②小孩儿一看是民警，就想跑。

这句话的意思是：

a。小孩儿看见是民警，想和民警一起跑。

b。小孩儿怕民警，看见了民警就想快点儿跑开。○

c。小孩儿看见民警就跑了。

③小孩儿不敢回家，因为：

a。他偷了东西。

b。他学习不好。

c。他怕爸爸打他。○

④民警老张遇到这种事情已经有好几次了。

这句话的意思是：

a。民警老张遇到过好几个孩子，都是被家长打出来的。○

b。民警老张多次在街头公园遇到这个孩子。

c。民警老张已经遇到过这个小孩儿很多次了。

(2) 回答下面的问题：

①故事中的小朋友叫什么名字？

②这个小孩子为什么睡在公园的椅子上？

③有些家长为什么打孩子？

④孩子做错了事，家长就打他，这样的办法好不好？

⑤民警老张为什么给报纸写文章？

五、听录音，快速回答问题：

（1）那天你的鞋是被谁弄脏的？

（2）今天没有太阳又没风，你的湿衣服能干吗？

（3）你小时候叫妈妈打过没有

（4）你丢过钱没有？

（5）你睡觉喜欢盖被子还是喜欢盖毯子？

（6）你家的门用的是什么颜色的油漆

（7）你往你们家寄一封航空信，要贴多少钱的邮票？

（8）你的朋友中最聪明的是谁？最傻的是谁？

（9）你们学校附近有街头公园吗？

（10）你的老师要求你们每天练习汉字吗？

（京）新登字 157 号

书　　名：初级汉语课本听力练习（第一、二册）
作　　者：北京语言学院来华留学生三系编
　　　　　李世之　李继禹　执笔
出　　版：北京语言学院出版社
　　　　　华语教学出版社 联合出版
印　　刷：北京朝阳区北苑印刷厂
发　　行：中国国际图书贸易总公司
　　　　　中国北京车公庄西路 35 号
　　　　　邮政信箱：北京 399 号　邮政编码：100044
版　　次：1986 年（大 32 开）第 1 版
　　　　　1995 年 7 月第 2 版第 8 次印刷
国图书号：ISBN 7-5619-0434-7/H・309
　　　　　9-CE-2089PA・PB
　　　　　02550